特色课程建设丛书
丛书主编 杨四耕

孙 凤◎主编

幼儿园户外艺术创想活动设计与实施

华东师范大学出版社
·上海·

图书在版编目（CIP）数据

幼儿园户外艺术创想活动设计与实施／孙凤主编.
上海：华东师范大学出版社，2025. --（特色课程建设丛书）. -- ISBN 978 - 7 - 5760 - 5873 - 4

Ⅰ. G613

中国国家版本馆 CIP 数据核字第 2025V59Z02 号

特色课程建设丛书

幼儿园户外艺术创想活动设计与实施

丛书主编　杨四耕
主　　编　孙　凤
责任编辑　刘　佳
项目编辑　林青荻
特约审读　王　杉
责任校对　刘伟敏
装帧设计　卢晓红

出版发行　华东师范大学出版社
社　　址　上海市中山北路 3663 号　邮编 200062
网　　址　www. ecnupress. com. cn
电　　话　021 - 60821666　行政传真 021 - 62572105
客服电话　021 - 62865537　门市(邮购)电话 021 - 62869887
地　　址　上海市中山北路 3663 号华东师范大学校内先锋路口
网　　店　http://hdsdcbs. tmall. com

印 刷 者　常熟市文化印刷有限公司
开　　本　787 毫米×1092 毫米　1/16
印　　张　12.25
字　　数　105 千字
版　　次　2025 年 7 月第 1 版
印　　次　2025 年 7 月第 1 次
书　　号　ISBN 978 - 7 - 5760 - 5873 - 4
定　　价　46.00 元

出 版 人　王　焰

（如发现本版图书有印订质量问题，请寄回本社客服中心调换或电话 021 - 62865537 联系）

编委会

主　编

孙　凤

副主编

杨继芬　袁香云　凌　洁　王岐琳

丛书总序　走向课程自觉

　　这是一个焦虑的时代,每一个人都忙忙碌碌;这是一个无坐标的时代,很多人都不知身处何方;这是一个看不见路的时代,大家都不知该如何去面对新的情境;这是一个感觉模糊的时代,对很多事我们缺乏了应有的自觉和反思。

　　面对这样一个时代,我们需要有起码的文化自觉。在费孝通先生看来,文化自觉指生活在一定文化历史圈子里的人对其文化有"自知之明",并对其发展历程和未来有充分的认识。换言之,文化自觉就是文化的自我觉醒、自我反省和自我创建。

　　要提升学校课程品质,实现立德树人根本任务,文化自觉是不可或缺的。在我看来,课程领域的文化自觉就是课程自觉,它是人们基于对课程的理性认识,为提升课程品质而产生的清晰的目标意识和科学的路径观念,自觉参与课程变革实践的理性之思与理性之行。

　　课程自觉是一种有密度的自觉,它不是一个简单概念,而是一种思想、一种行动、一种文化,包含课程自知、课程自在、课程自为、课程自省以及课程自立等基本构成。推进特色课程建设,我们需要怎样的课程自觉呢?

　　第一,清晰的课程自知。课程自知是人们对特定课程情境的自觉理解,对课程理念和愿景的清晰判断,对课程内容和框架的基本认识,对课程实施路径和方位的整体把握。认识课程,认识自我,这不是一件容易的事。对一位校长来说,课程自知意味着对学校课程规划的整体理解,自觉研判学校文化与课程建构的关系、育人目标与课程架构的关系、资源调配与课程实施的关系;对一位教师来说,课程自知意味着对学科课程群建设的自觉思考,自觉跳出"课程即科目""课程即教学内容"等狭隘的课程观,建立与立德树人要求相适应的崭新课程观。

　　第二,透彻的课程自在。萨特说:存在先于本质。他曾将存在分为自在的存在和自为的存在:自在的存在是物体同其本身等同的存在,自为的存在是同意识一起扩展的存在。课程自觉需要深刻理解课程自在的文化,需要完整把握课程自在的处境,需要清晰认识课程变革的制度环境和现实可能,进而意识到哪些是可为的,哪些是不可为的;哪些是必须做的,哪些是可选择的;哪些是自己即可为的,哪些是需要制度支持的。

第三,积极的课程自为。按照萨特的观点,自为的存在是自我规定自己存在的。意识是自为的内在结构,自为的存在就是意识面对自我的在场。对课程变革而言,课程主体按照课程发展规律,通过自身的自觉行为和实践实现课程品质的提升,就是课程自为。课程自为意味着我们对课程自在的不满足,意味着我们开动脑筋思考课程变革的空间,意味着我们通过直面本己的课程实践培育新的课程文化,意味着我们在积极的卷入中推进课程深度变革。

第四,深刻的课程自省。课程自省即课程反思。杜威曾将反思解释为"思,我所思(thinking about thinking)",他鼓励专业人士审思每一个专业判断之下的潜在逻辑。课程变革是一种反思性实践,需要对实践进行反思,再将反思带到新的实践中去。反思性实践是一种主动且持续地审视理论、信念和假设的过程,它可以帮助我们在课程实践中更好地理解自我与他人,选择合适的方式应对可能的情境。课程反思是凌驾于思维之上的更高层次的反思。当你站在既定的框架里去检查这些规则的时候,是无法发现这些规则的问题的;如果你可以跳脱出来,不带评判和预设地去分析这些规则,其中的不妥之处就会被你看到。课程反思是一种能力,当你掌握了这项能力的时候,你就像"觉醒"了一样,一样的世界,你却会有不一样的"看法"。这就是哈贝马斯所谓的"沟通理性"的概念,提升课程品质特别需要这样一种理性:反省、批判和论证。

第五,持守的课程自立。《礼记·儒行》:"力行以待取。"每一个人只有在自己的行动中,才能发现自己,才能向世界宣布他具有怎样的价值。课程自立是一个人认识到,课程变革是自己的事,要有自己的立场、自己的创见,自持自守,不为外力所动,不随波逐流,进而"回到粗糙的地面"(维特根斯坦语),自觉参与到课程变革中来。课程自立本质上是在课程自知、课程自在、课程自为以及课程自省的作用之下,依靠自己的自觉和力量对课程实践有所贡献,并在此过程中逐渐提升自己的课程能力和专业成熟度,确证自己的"课程人"地位,成为"自己的国王"。

当我们有了清晰的课程自知、透彻的课程自在、积极的课程自为、深刻的课程自省以及持守的课程自立的时候,我们便作为"有创见的主体"主动地介入到课程设计、实施、评价与管理的全过程之中了,学校课程深度变革便自然而然地发生了。

费孝通先生说:"文化自觉是一个艰巨的过程。"让课程意识从"睡眠状态""迷失状态"到"自觉状态",也是一个艰难而痛苦的过程。可喜的是,本套丛书的作者秉持课程自觉之精神,聚焦特色课程建设,在课程自知、课程自在、课程自为、课程自省和课程自立方面掘进,迎来了课程变革的新境界!

杨四耕

2020 年 7 月 3 日于上海市教育科学研究院

目　录

第一章　童味性：艺术创想活动的儿童立场　/　41

　　艺术是儿童表达对周围世界的认识和情绪态度的独特方式。艺术创想活动让幼儿在广阔的多场域空间里迸发各种奇思妙想，并进行创作与呈现。儿童立场是以儿童的眼光，从儿童的角度去审视世界所特有的思维方式与习惯，以及认知方式和价值取向。教师要以儿童视角倾听儿童的一百种语言，通过一草一木、一花一语、一沙一水、一墙一角……唤起幼儿潜在的艺术灵性和无限创意，激发幼儿的创想潜质，培养幼儿的想象力和创造力。

第二章　完整性：艺术创想活动的目标指向　/　63

　　　　课程目标的确定是核心。户外艺术创想活动能够使幼儿的身心得到充分放松，对其发展具有积极的推进作用。具体表现在：幼儿创造性的思维和想法自然流露，对自然美的体验丰富且敏锐，思维方式独特且灵动，表达美的形式丰富多样，创意作品富有童趣和灵性。同时，通过艺术与科学、社会等领域的有机融合，形成一个跨领域的能量场，实现幼儿身心的主动、整体、差异发展。

第三章　开放性：艺术创想活动的资源巧用　/　83

　　　　艺术创想活动的资源可以从园内资源、家庭资源、社区资源三个维度入手，逐步构建"家—园—社区"一体化资源生态圈。园内资源关注工具与材料的多元化和生活化，让艺术融于生活，生活充满艺术；家庭资源关注家长观念的更新，达成共识，形成合力；社区资源关注自然资源随季节而变，人文资源随主题而定。多样化的资源丰富艺术创想活动的内容，促进幼儿审美意识及能力的提升。

第四章 灵动性：艺术创想活动的动态设计 / 101

艺术创想活动是开展艺术教育的基本样态，在儿童视角下不断完善艺术创想活动设计是我们的追求。我们从幼儿实际出发，注重幼儿的发展规律和已有经验，凸显幼儿的感知体验和自主表现，艺术创想活动设计和实施力求既体现幼儿的兴趣和需要，又能促进幼儿经验链的建立与积淀，为幼儿提供艺术创想活动中感知美、表达美和创造美的快乐体验。

第五章 生长性：艺术创想活动的环境魅力 / 123

幼儿园艺术环境的创设，旨在支持和引发幼儿的自主欣赏和互动实践，激发幼儿的审美情趣，增强幼儿的艺术体验，达到以美启真、以美立人的目的。环境创设必须体现儿童视角，让幼儿真正成为环境创设的主人，积极参与环境创设的全过程。环境创设要体现美学元素，让环境与幼儿产生对话，让艺术灵魂落地生根，培养幼儿的艺术审美能力和创想能力，形成和谐发展的人格品行。

第六章　体验性：艺术创想活动的多元评价　/　145

综合性评价提供了一种更全面的评价框架,我们将儿童体验纳入其中。幼儿的体验不仅反映他们在活动中的收获,也是对活动的一种评价,他们非常关注自身在活动中的体验,甚至一些成人眼中"无足轻重"的细节也会影响他们的情绪和兴趣。我们通过马赛克法、自然观察法、云端成长档案等多种形式,力求获得更客观、更直观的活动评价结果,并对幼儿的全面、持续发展产生积极的影响。

绪论　儿童视角下的艺术创想活动实践研究

创想指打破常规,创造想象,求异与创新,让幼儿迸发各种奇思妙想,并自主选择各种材料进行创作和表达。

儿童视角原指一种文学创作的方法,指作者借助于儿童的眼光和口吻来讲述故事,使故事呈现出鲜明的儿童的思维特征。[①] 它是一种叙事方式。现在,儿童视角一般指依据儿童的心理、儿童的眼光,从儿童的角度去发现和审视世界,在理解、观察、描摹事物、讲述事件时体现儿童所特有的思维方式与习惯、认知方式和价值取向。[②] 从教育意义上说,它是成人理解儿童的一种方式。瑞典学者索默尔认为儿童视角代表着儿童在世界上的感知、经验和行为;它是成人创造的,尽可能去寻求理解和重建儿童的视角。本研究中的儿童视角强调幼儿在户外艺术创想活动中的主体地位,幼儿既是参与者,也是评价者。教师要倾听幼儿的"一百种语言",关注幼儿与环境、材料、同伴等的互动,识别、解读、理解、支持幼儿的需求,推动幼儿的表现与创造。

本书中的户外艺术创想活动是指在儿童视角下,幼儿园开展的各种以美术为载体的艺术创想活动,呈现出大空间、多材料、多形式、多方法、多表现等特征。我们尊重幼儿好动、好奇、好玩、喜爱接触大自然的特点,确立幼儿发展优先的理念,将"户外活动"与"艺术渗透"整合在一起,开展户外艺术创想活动开发与实施的研究。鼓励幼儿在亲近自然,充分欣赏与感受的基础上,利用多样化的自然材料进行自主表达与表现,丰富户外创意美术活动的形式和内容,着重提升幼儿的感受、欣赏和创新等能力,丰富幼儿的活动经历与成长经历,以回应培养幼儿创造性想象和思维的时代要求。

[①]　王景芝,王红飞.学前教育"儿童视角"研究的回顾与展望[J].教育与教学研究,2020,34(01):7-19.

[②]　王雪霜.儿童视角:小学低年级英语教学设计的立足[C].江苏省教育学会.2019年江苏省教育学会学术年会论文集.华东师范大学苏州湾实验小学,2019:6.

一、研究的意义

（一）丰富艺术教育形式，提升幼儿对美的感知与创造

在国家科教兴国的战略背景下，人们日益认识到儿童自主创新精神和创造力培养的深远意义，积极探索有效的教育途径和方式，但鲜有突破。

本研究通过对活动螺旋上升式的调整和反思，提炼出有效的教育方案和实施策略，不仅为幼儿艺术教育的开展提供有益的借鉴和参考，也为幼儿园户外活动的推进提供新的思路，产生更广泛的教育影响；让幼儿在体验艺术与自然美妙融合的基础上，自然释放天性，根据自身的喜好和经验进行个性化创作；通过绘画、拼贴等形式，激发创意思维，创生富有创新、独特的作品丰富幼儿对美的感知和创造等核心经验。

（二）立足"儿童视角"，践行"幼儿发展优先"理念

在以往的课程实施中，教师组织的艺术活动倾向于"预设"占主体，忽视"生成"，还没有真正地从儿童的立场看儿童、看活动。幼儿独有的表达真实情感的创造方式经常被忽视，导致儿童视角的缺失。同时，现有的艺术教育往往局限于室内的活动环境，限制了幼儿自由的艺术想象力。

本研究从儿童的视角和立场出发，开展户外艺术创想活动的实践研究，旨在更好地理解儿童在户外环境中感知和欣赏自然的方式，并使儿童通过多种艺术方式来认知世界、表达自我。这有助于我们更加深入理解幼儿的思维方式和学习策略，从而进一步丰富和拓展学前教育领域"儿童视角"理论研究的内容，践行"幼儿发展优先"的理念，尊重儿童的主体性和个体差异性，关注儿童的情感体验和感受。

（三）运用马赛克研究法，促进教师教育观念与行为的转变

本研究运用马赛克研究法，鼓励幼儿发表对于户外艺术创想活动中环境、材料、教师支持等方面的想法。这对于积累幼儿教育的科学研究方法，提升幼儿教育的质量具有重要意义。

教师要从"研究儿童"变成"和儿童一起研究"。儿童是活动的主体，既是参与者，也是评价者。户外艺术创想活动给予幼儿更大的空间和自主选择权，让幼儿自主选择参与活动的地点和内容，按照自己的兴趣和好奇心来参与活动。让幼儿掌握话语权，主动、积极地评价户外环境、材料及教师参与等。教师则需要倾听幼儿的心声，善于开发、利用自然资源，捕捉教育契机，适时引导和支持，为幼儿提供充分的发展空间，点亮幼儿的创意火花。

二、研究框架

本研究以我园 500 名 3—6 岁幼儿为研究对象，主要就户外艺术创想活动的环境开发、多元化材料提供、教师角色转变和支持策略、活动评价等进行研究。研究目标是明确儿童视角下户外艺术创想活动的内涵、外延及特征；通过开展户外艺术创想活动的环境开发、多元化材料提供、教师角色转变和支持策略、活动评价等研究，鼓励幼儿积极、自主参与户外艺术创想活动，激发创想潜能，促进幼儿的感受力、欣赏力和创新力的发展。主要研究内容如下。

一是儿童视角下户外艺术创想活动的内涵、外延及特征研究。形成儿童视角下户外艺术创想活动的内涵、外延及六大基本特征。

二是户外艺术创想活动中儿童立场的研究。调研幼儿在户外艺术创想活动中的

内在体验,形成儿童视角下户外艺术创想活动研究的技术路径和发展图景。

三是儿童视角下户外艺术创想活动环境开发的研究。开展幼儿对于户外环境喜好的调查研究,并基于幼儿的个性特征,形成户外环境开发原则、户外环境资源开发和应用机制。

四是儿童视角下户外艺术创想活动材料提供的研究。从幼儿对材料的喜好情况出发,开展材料提供原则、类型、投放方式的研究,并形成各年龄段户外艺术创想活动的内容指引。

五是儿童视角下户外艺术创想活动中教师角色定位、支持策略的研究。从幼儿喜欢的教师支持这一视角出发,形成教师全过程支持策略研究和基于幼儿个体差异的针对性指导策略。

六是儿童视角下户外艺术创想活动评价的研究。基于幼儿对评价的激励需求,形成具有园本特征的评价方法与内容。

以上研究内容,主要关注三个重难点:一是环境开发与材料投放,如何能够最大限度地尊重幼儿的天性,了解并落实儿童视角;二是有效观察和指导,教师在活动中如何从儿童视角实施有效观察和指导,激发幼儿内驱力;三是活动评价,如何让评价科学、客观地反映幼儿的发展轨迹,体现艺术创想活动的有效性。

三、研究成果

本研究采用了文献研究法、调查研究法、行动研究法、自然观察法、案例研究法等。特别值得一提的是马赛克研究法,它包括幼儿自主摄影、儿童会议、自主画图、图片选择等,每一种工具获取的信息就如同一片片"马赛克",形成幼儿对幼儿园户外艺术创想活动的具体想法。利用 NVivo 12 质性分析软件对原始材料进行编码和分析,梳理影响幼儿视角下户外艺术创想活动的关键要素。

　　我们组建了研究团队,聚焦各类创意活动主题,开展专项培训、特色教研等,促进了幼儿的艺术素养发展,取得了以下研究成果。

(一) 儿童视角下户外艺术创想活动的内涵、外延及特征研究

　　1. 儿童视角下户外艺术创想活动的内涵

　　本研究中的儿童视角下户外艺术创想活动是指从儿童视角出发,让幼儿在户外开放的自然环境里进行的各种以美术为载体的艺术创想活动,呈现出自主性、大空间、多材料、多形式、多方法、多表现等特点。

　　儿童视角下户外艺术创想活动主要有三个特质:首先,它是各种美术活动,如户外写生、自然物拼搭、沙画等,让儿童在充分亲近自然、体验环境的基础上,迸发想象力和创造力。其次,它是户外环境中进行的艺术创意活动,如户外创想艺术节、户外艺术展和社区联动的艺术项目等活动。它们在为幼儿提供展示和分享艺术作品的机会,增强自信心和成功感的同时,又能使幼儿欣赏他人的创作,并意识到作品所具有的社会意义。其三,它是各领域融合的综合性艺术学习活动,通过将艺术与科学、社会等领域融合,幼儿不仅能丰富艺术体验,还能发展创造性思维和解决问题的能力,提升综合素养。因此,户外艺术创想活动旨在为幼儿提供一个更加广阔的发展空间,通过艺术与自然、社区和其他领域的有机融合,培养幼儿的想象力、创造力,增强幼儿的社会意识。

　　2. 儿童视角下户外艺术创想活动的外延

　　儿童视角下户外艺术创想活动主要有以下几种类型。①亲近和探索自然环境的考察活动。让幼儿关注自然中的美好事物和多样性,关注植物、动物、天气变化等自然元素。②多元化材料和工具应用的艺术创造活动。鼓励幼儿利用丰富多样的材料,例如颜料、泥土、沙等,自由联想、想象、创造,探索材料和工具的特质和多种可能的组合,进行大胆创作。③创意表达活动。幼儿前期通过自然观察、名画欣赏、绘本阅读等,启发创造力和想象力。之后,通过多种艺术表达形式展现自己的思维和情感,使幼儿的语言表达和作品表现等更加丰富、灵动,体验艺术的魅力。④自发性户外游戏活动。

幼儿通过游戏和扮演等方式,将艺术创作融入自身熟悉的游戏及角色中。幼儿既能发挥想象力和创造力,体验游戏的乐趣,又能培养自身的表达和社交能力。⑤合作与分享活动。幼儿在小组合作中,与他人合作和分享,共同进行创作并合作解决问题等。有利于幼儿走出自我中心,倾听同伴想法,肯定同伴亮点,培养合作精神、团队意识和互助能力。⑥欣赏和反思活动。让幼儿自评和欣赏同伴的艺术作品,在欣赏和反思的过程中,增强审美意识和批判性思维。

3. 儿童视角下户外艺术创想活动的特征

儿童视角下户外艺术创想活动中,儿童既是参与者也是评价者,整体呈现出大空间、多材料、多形式、多方法、多表现、重体验、强创新、显个性等特征,具体表现在六个方面。

一是幼儿既是参与者又是评价者。教师要从"研究儿童"变成"和儿童一起研究",儿童是活动的主体参与者。活动给予幼儿更大的空间和自主选择权,自主选择参与活动的地点和内容,可以按照自己的兴趣和好奇心来参与创作活动。幼儿、教师、幼儿园管理者应该形成研究共同体,不仅要重视幼儿的参与,还需要对幼儿的想法做出反馈和回应。即便幼儿的想法难以实现,教师也应该向幼儿说明难以实施的原因。幼儿又是评价者。他们能够分享和讨论自己的创作经历和体验,观察和欣赏其他同伴的作品,评价户外环境创建、材料的选择使用等,评价教师的支持是否满足他们的发展需求,促使幼儿建立自信,增强批判性思维能力。

二是创设充满自然野趣的户外活动环境。户外的自然环境是儿童创意的天然驿站,为幼儿提供了广阔的创作空间和多样的自然元素。调研显示,幼儿偏爱亲近自然,希望能够自主选择富有野趣的户外活动环境。阳光、树林、小花园、山坡等自然元素为幼儿提供了大量感官刺激和探索空间,能够激发他们的好奇心和探索欲望,从而丰富其艺术创作表达。同时,教师转变观念,与幼儿共同构建户外艺术创想活动环境,如山坡树屋、神奇小路、青青小竹林、大象艾玛乐园等,无疑为幼儿的艺术创造提供了更加自由、自主的活动空间和环境支持。

三是提供丰富、多元的可塑性材料。丰富多元的可塑性材料能够给予幼儿更多的实践尝试和表达方式,幼儿可以借助自然材料(树枝、鲜花、树叶等)、回收材料(纸箱、塑料瓶等)和美术用具(颜料、粉笔等)进行拼、搭、画、涂、玩,凸显创意无限的艺术作品。调研显示,幼儿主要偏爱结构性低、具有可变性、来自自然、超常规且有趣味的材料。同时,材料和工具的提供和放置的方位以方便幼儿操作为先,让幼儿自主选择并灵活运用所需的材料和工具,避免幼儿因为材料的数量不足或者材料放置得太高、太远,而降低活动的兴趣和参与度。

四是内容选择强调自主创生,富有创想个性。自然物拼搭、沙画、自然主题彩绘、自然光影艺术、写生、乐趣游戏艺术等都是户外艺术创想活动的内容,注重幼儿的自主表达、艺术美感和创新想象。让幼儿亲历户外现场,观察自然环境中的美好事物,例如花朵、树木、昆虫等,在体验艺术与自然美妙融合的基础上,释放天性,根据自身喜好和经验进行创作。通过绘画、雕塑、拼贴等形式,创生富有个性的作品内容,在展现想象力创造力的同时,丰富自身的艺术体验和视野。

五是注重师幼共商决策,激发创意火花。教师细心聆听幼儿的想法,与幼儿共同商讨活动的环节和可能出现的问题。让幼儿在宽松、开放的自然环境中按照自己的兴趣和需要,自主选择材料,与同伴合作参与活动。教师充分尊重并满足幼儿的需求是关键。通过调研发现,幼儿希望能把常见的户外游戏工具引入到创意活动中来,比如玩具水枪、大毛笔等。于是,师生协商在塑胶操场上开展大型户外涂鸦活动,幼儿在超大的画布上用上喜爱的水枪、大刷子等工具,与颜料"共舞",充分感受色彩变化所带来的惊喜,调动了创想的热情。活动中,当资源受限时,师幼也可以共商共议。同一区域内,师幼共同决定参与的人数,从而避免拥挤,影响幼儿的活动体验。对于特别受欢迎的区域,一方面扩大区域的范围,增加可容纳的人数,另一方面采用预约制。

六是活动时间随机应变,充分满足创作需要。给予幼儿充足且灵活的时间意味着不要打扰正在创作的幼儿,即使预设的时间表已经表明要进入"下一个"活动。为了充分满足幼儿自主创作的需求,我们提供充足且灵活的活动时间段,并适当延长活动的时间;对于幼儿未能及时完成的作品,设置临时放置区,让幼儿有机会在下次活动时,继续完成自己的作品。

（二）户外艺术创想活动中儿童立场的研究

为了更好地了解户外艺术创想活动中的儿童视角，为活动环境创设、材料投放以及活动的组织实施提供依据，使活动更好地贴近幼儿的发展需求，充分激发幼儿艺术创想的兴趣，我们采用马赛克研究法对户外艺术创想活动中的儿童视角进行研究。

1. 儿童视角下户外艺术创想活动研究的技术路径和图景

（1）儿童视角下户外艺术创想活动研究的技术路径

通过研究实践，我们形成了儿童视角下户外艺术创想活动研究的技术路径（见图0-1）。一是儿童视角下户外艺术创想活动的信息生成与采集（通过马赛克研究法）；二是信息汇总与处理（通过 NVivo 分析）；三是对结论反思及实践改造（通过研究共同体落实）。

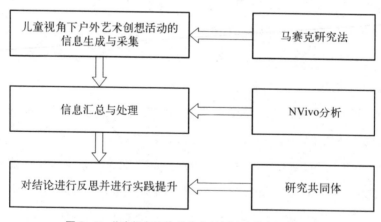

图 0-1　儿童视角下户外艺术创想活动的实施路径图

（2）儿童眼中的户外艺术创想活动

课题组以儿童视角为理论基础，邀请园内两个班级共 50 名大班幼儿参与研究。运用马赛克研究法，请幼儿发表对于户外艺术创想活动中环境、材料、教师支持等方面的想法,并将获得的各类信息(语音访谈、绘画解读、拍摄介绍等)整理成文字稿并导入质性分析软件 NVivo 12,梳理与研究相关的文本进行开放编码(建立自由节点)、主轴编码(建立树状节点)以及选择编码(建立核心类属),最后,提炼出 5 个核心类属,参考点共计 342 个。儿童视角下的户外艺术创想活动各要素占幼儿观点总数的频次及百分比如下(见表 0-1)。

表 0-1　核心类属与树状节点占参考点百分比统计表

核心类属(总数)	占参考点 总数百分比	树状节点及其包含的参考点
材料(145)	42.4%	低结构性(39)、自然(25)、数量(25)、多变(18)、趣味(11)、尺寸(10)、提供方式(8)、规则(6)、迁移(3)
自身体验(93)	27.1%	主体性(18)、情感(16)、创新想象(16)、已有经验(11)、获得感(11)、艺术美(9)、时长(5)、担忧(4)、保存(3)
区域环境(45)	13.2%	自然(20)、野趣(17)、自主(8)
人物关系(44)	12.9%	教师(30)、同伴(9)、自己(5)
领域融合(15)	4.4%	建构(6)、角色游戏(4)、阅读(3)、运动(2)

信息分析结果表明:幼儿对于户外艺术创想活动关注点从高到低依次为:材料、自身体验、区域环境、人物关系等,并形象勾画出幼儿户外艺术创想活动更完整、更全面的图景:①材料方面,幼儿主要偏爱结构性低、具有可变性、来自自然、超常规且有趣味的材料。②体验方面,幼儿主要偏爱能够自主表达、满足自身喜好、与自身经验相链接、迸发创新想象、富有艺术美感的体验。③环境方面,幼儿主要偏爱能够亲近自然、自主选择、富有野趣的户外活动环境。④人物关系方面,幼儿期望教师给予更多的自主权,并提供提升艺术创想等关键支持。

2. 幼儿在户外艺术创想活动中对材料选择的倾向

(1) 幼儿喜欢的材料特征

一是材料的低结构性。材料的低结构性能提升幼儿的创想自由度。在自主画图中,幼儿表示:"我画的是小人,她戴着面具。面具能做出各种各样小动物的造型,我觉得很可爱。"在儿童会议中,幼儿表示:"因为拼画能拼出很多很多的东西。"二是材料的自然性。幼儿对于自然物呈现了明显的偏好。幼儿呈现的大多是他们玩过的,并留在美好回忆中的内容。在自主画图中,出现了树叶、蜗牛等大自然元素。幼儿表示:"树叶拼画很好玩,可以用树叶搭一个蜗牛的壳。""捡树叶比用颜料画好玩,因为捡树叶可以随便拼出东西,还可以捡完树叶后画画。"在儿童会议中,幼儿表示:"我喜欢多一点贝壳。""我喜欢有一点鲜花。"三是材料的丰富性。材料投放的数量与类型影响幼儿的选择和投入度。在儿童会议中,幼儿表达:"我喜欢沙画。因为我怕松果这些东西被人拿掉了就找不到了,但是沙子有很多。""我希望再加一些材料,可以有树轮片、小动物模型。"四是材料的多用性。在户外,幼儿能够突破固有的思维模式,一物多玩发现材料或工具的创新用途,既可以使用不同的材料表征同一物体,又可以用同一材料表征不同的物体。五是材料的趣味性。户外是幼儿游戏的广阔天地。幼儿希望将常见的户外游戏工具引入到活动中来。在儿童会议中,幼儿表示:"我希望户外创意活动可以有水枪玩。"幼儿更喜欢有趣、好玩的材料,这些材料更能激发他们活动的兴趣,拓宽他们的想象空间。六是材料的"可移植"性。儿童常规的美术材料也可以成为户外艺术创想活动的重要资源之一。在儿童会议中,幼儿表示:"我有个想法就是把教室里的积木拿出去拼画,这样材料就多一点。""轻泥也可以拿出去,可以把彩泥捏几个小朋友的小辫子,再用石头搭人,小辫子放旁边。"相对于固化的材料,幼儿更愿意选择可迁移的材料。七是材料可以超常规。幼儿的创作表现愿望在户外被激活,希望拥有更大尺寸的材料,例如,更大的画布、画笔等体现了幼儿自主表达表现的需求。在自主绘图中,幼儿表示:"我平时都用小的板画涂鸦,我想要用更大的板画。""我想在一块很大的板上随便用材料涂鸦,最后变成冰淇淋。"

(2) 幼儿不喜欢的几种情形

一是缺乏配套的置物设施。可移动的收纳盒、托盘等的缺失会影响幼儿的行为选择。在儿童会议中,幼儿表示:"我不喜欢那个石子,最小的那个石子。因为那个很难捡的,掉下去很多,得慢慢来。""不喜欢的原因就是木片要拿很多,但是拿不了。"二是自然物使用的规则不清晰。材料的使用规则模糊会影响幼儿的参与。幼儿会因为担心自己被老师批评而避免选择可能会"犯错的材料"。在儿童会议中,幼儿表示:"我最不喜欢用花瓣在布上染色,因为采花的时候,有时捡不到掉落的花瓣,有些花不知道能不能摘。"三是材料取用不方便。在玩沙画时,幼儿每次去沙池取来沙子,再用筛子过滤掉大颗粒和杂质,然后利用细沙再作画。但是,并不是所有的幼儿都喜欢这样的流程,筛沙反而影响了个别幼儿对于活动的喜欢,也打断了持续创作的动力。在儿童会议中,个别幼儿表示:"我不喜欢沙画,因为我觉得沙子用着用着就没了,自己去筛沙子很烦。"对于其他不便取用的材料,个别幼儿也表达了类似的想法:"我最不喜欢的是树叶拼画,因为拿材料不方便。"四是材料架的位置较远。材料或者工具架放置得过远不利于幼儿的创作。户外的场地较为开阔,一般是一个区域一个材料架,但是,个别区域的材料架离幼儿操作现场较远,取用的过程会影响幼儿的投入度。在儿童会议中,幼儿表示:"石板画需要很长的时间,而且要拿很多彩色粉笔,一个一个拿需要跑很多次去拿,我觉得很麻烦。"五是部分材料提供不充分。材料的充分投放有助于幼儿创想思维的迸发,相反,材料提供不足不仅会影响幼儿的创作,而且可能造成幼儿的抢夺冲突等。在儿童会议中,幼儿表示:"我希望材料多一点。因为找好地方后,有些材料就没有了,比如松果。""我就是以前想画粉笔画,但是没玩成,因为粉笔太少了。"

3. 幼儿关注户外艺术创想活动中的自身体验

(1) 幼儿喜欢的体验

一是自由自在的体验。户外的艺术创想活动空间大、选择多,幼儿更容易在这里找到自己适合的活动。在自主摄影中,幼儿拍的都是自己参与的并感到满意的作品,而不是校园里教师装饰的设施。二是能满足自己喜好的体验。在户外艺术创想活动中,幼儿在创作的过程中积极投入,呈现的作品不仅富有创意,而且让他们获得了情感上的愉悦和满足。在自主摄影中,幼儿表示:"我喜欢写生,因为这很有创意感,我喜欢画一些花花草草,这让我心情很愉快。"三是基于自身经验的体验。幼儿自身的偏好影响了其对材料的选择。相较于陌生的体验幼儿更喜欢与自身经验相关的新体验。在自主绘图中,幼儿表示:"我喜欢昆虫,因为我认识好多昆虫。""我喜欢树叶拼画,因为它可以拼出好多东西。"幼儿在户外艺术创想活动中的探索和发现成为了他们创作的来源,其作品中呈现出了大自然的各类元素。四是具有创造想象的体验。户外艺术创想活动给予了幼儿想象和创作的空间。在自主绘图中,幼儿表示:"我还喜欢画恐龙,因为画恐龙可以添背景。""我喜欢这个压花的,因为压花能压出来很多东西,还能添画。"五是能带来美感的体验。幼儿天生有发现美的眼睛,对艺术美有着天然的需求。在儿童会议中,幼儿表示:"我喜欢树叶拼画,因为和小石头、小树枝组合在一起,可以搭得很美。""我用相机拍的是神奇的小路,这条路的台阶上有彩色的点点和线条,我觉得很漂亮。"在自主绘图中,幼儿表示:"我还想在透明薄膜上画画,因为可以锻炼出艺术感。"可见幼儿更偏好具有美感的体验。

(2)幼儿不喜欢的体验

一是对于自身安全的担心。活动中潜在的安全事项易影响幼儿的体验感。例如,在儿童会议中,幼儿表示:"我玩树叶拼画的时候,拿石子,但是有时候会掉下来,砸到自己。""我最不喜欢户外拼画,要坐在草地里,不方便,鹅卵石太大,我力气小,会砸到脚!"二是对于"讲究卫生"的担忧。幼儿对于卫生情况的担忧也影响了对活动的选择。例如,在儿童会议中,幼儿表示:"我最不喜欢写生,因为书屋那里有鸟屎,我怕踩到脚下。""我也不喜欢石板画,因为每次画完石板画手上全是粉笔灰,我很不喜欢。"三是活动缺乏成功感。幼儿在活动中的获得感、自信感、自我效能感等直接影响到幼儿的喜好。不管是自身的原因,还是教师支持的影响,如果幼儿在活动过程中没有成功的体验就难以喜爱整个活动。在儿童会议中,幼儿表示:"我最不喜欢玩树叶拼画,因为在草地上拼画,我总是拼不好"。四是活动的时长和空间不足。幼儿园的各项活动是有时间限制的,户外艺术创想活动每次大约 30 分钟。时空的限制,往往会给幼儿不能尽兴的感觉。在儿童会议中,幼儿表示:"每次玩沙画都需要很长时间,由于时间规定,每次我都来不及完成,很遗憾,我还想继续玩下去。"五是相关作品被损坏。户外艺术创想活动往往需要幼儿"动"起来,去寻找、收集材料后,再进行创作。同一时间段、一个区域内幼儿穿梭过多,很难注意到草地上的所有作品,往往会损坏同伴的作品,从而影响幼儿的活动体验。在儿童会议中,幼儿表示:"我们可以用石子拼起来,人少一点,然后玩的时间可以长一点。万一人太多,会把我们做的东西都碰坏掉。"通过对户外艺术创想活动中幼儿视角的研究,我们真正理解了孩子,走进了孩子的内心世界,也找到了户外艺术创想活动环境的选择和创设的方向。

(三)儿童视角下户外艺术创想活动环境开发的研究

1. 幼儿对于户外环境喜好的调查研究

户外的阳光、空气、树木、花草等自然环境,动态而充满刺激,空间开阔,魅力无穷,受到幼儿的喜爱。为了使环境的选择与创设更符合幼儿的需求,我们先就幼儿喜欢怎样的环境进行了调研(见图0-2),以便更准确地把握环境创设的原则。结果如下:

(1)喜欢能亲近的自然环境

自然界中新鲜的空气、温暖的阳光、各种让幼儿感到新奇的真实小动物等,引发了幼儿对于户外艺术创想活动的偏爱,激发幼儿内心向阳生长的力量。具有亲和力的环境更令幼儿喜欢不已,乐意尽情参与。在儿童会议中,幼儿表示:"外面有太阳,空气很好,鼻涕虫真的把我笑坏了,我还看到了两只蝴蝶和蜘蛛网!"在自主绘图中,幼儿表示:"我画的是小人在太阳下玩沙画。"

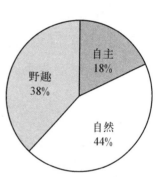

图0-2　儿童对于户外艺术创想环境喜好的百分数比较(%)

(2)喜欢富有野趣的户外活动环境

儿童具有幻想的天分,他们眼中的户外环境立足于现实,又充满童趣性和天马行空的想象。[①] 校园里高两层的树屋,爬上去坐在里面有点野居在森林中的感觉,一直是幼儿最爱的地方。在自主画图中,幼儿还表示:"我画的是很多小朋友在树屋上玩,因为在树屋上玩很开心。"

(3)喜欢可自主选择的户外活动环境

研究初期,幼儿参加户外某几个区域活动时总觉得不够自主,与期望有一定的差

---

① 周祥佳. 儿童视角下幼儿园户外活动特征研究[D]. 大连:辽宁师范大学,2020.

距。例如,写生区域相对固定,写生的幼儿没有足够的自由。在儿童会议中,幼儿表示:"我觉得还可以在小山坡上写生,可以和别人画的不一样。"在自主绘图中,幼儿表示:"我画的是,人在滑滑梯上给滑滑梯画画。"

2. 儿童视角下户外环境开发原则的研究

我们认为,环境开发的原则不应是成人规定的,而应是满足幼儿的意愿的。在对环境选择的幼儿视角调研的基础上,师幼通过协商明确了以下原则。

(1) 自然参与原则

幼儿偏爱能够自主参与、合作互动、富有野趣的户外活动环境,而不是教师预设的所谓美观的户外环境。这要求教师转变观念,由师幼共构户外艺术创想活动环境,让幼儿充分体验存在感和掌控感。首先,环境设计的创意来源于幼儿的兴趣和生活经验。其次,设计环境时主动邀请幼儿参与。环境的布置满足幼儿的审美需要。最后,环境的评价追随幼儿的合理反应。这样的环境创设才能更好地体现儿童视角,彰显儿童感。

(2) 好玩可变原则

爱玩是幼儿的天性,户外艺术创想活动的本质是让幼儿觉得既好玩又充满乐趣。因此,要求教师善于捕捉幼儿的兴趣与爱好,善于抓住幼儿对户外自然资源中感兴趣的事象、物象。比如:一沙一世界、拼拼搭搭、光影随"变"等,激发幼儿的创想潜质。幼儿是活动的主人,则要求教师站在幼儿的视角,在活动中积极与孩子互动,发现、肯定和接纳幼儿独特的审美感受和表现方式。活动后,"蹲下来"聆听幼儿的想法,收集幼儿的奇思妙想,及时优化活动环境或者材料,支持幼儿的创想和发挥,比如窨井盖创意涂鸦、石头变身记(既可以在石头上面涂鸦绘画,也可以作为创意拼搭的材料)、沙子变变变等。

(3) 安全可控原则

真正放手、赋权于幼儿后,我们发现童真世界里的幼儿对于如何把户外自然景观变得更美的创意想法还真不少。而安全可控也显得十分重要,它让幼儿可以放心、尽心、尽情地玩耍,从而获得艺术感染和体验。

(4) 环保育人原则

环境开发必须凸显环保理念,培养儿童对自然环境尊重和保护的良好行为。在户外环境的开发中,我们尽量保持原有的自然环境,既满足幼儿对于户外场地的空间需求,又避免原有的生态环境受到破坏。同时,户外环境开发中应该注重自然资源的可持续利用。比如,设置树木和花卉等的"身份证",让幼儿了解树木和花卉的品种、生长环境等知识,增加幼儿对植物的尊重、理解和爱护之情。

3. 儿童视角下户外环境资源开发的研究

我们积极挖掘、利用环境资源,为幼儿艺术创想活动建构以多空间、多材料、多方法、多渗透为特征的活动体系,帮助幼儿开阔学习视野,获得快乐体验。"生活中不是缺少美,而是缺少发现美的眼睛。"因此,我们提出师生共建环境与材料的倡议,对资源开发的途径进行实践探索,让幼儿成为发现户外艺术创想活动资源的小主人,因为什么样的环境好玩、能玩,幼儿比大人更有敏感性和话语权。

(1) 盘活校园资源,营造多样化环境

充分利用校园里五彩缤纷的种子、飘落的花瓣等各类植物资源,配置相应的石头、沙子、活动器械等物质设备,建构浑然一体的户外活动场景,为幼儿的户外艺术创想活动提供丰富多样的资源空间。落花不扫,留住自然的馈赠。为让幼儿零距离观察落英缤纷的景观,调整校园环境保障的思路:在繁花盛开的季节,将传统的"一扫而光"改为天晴不扫雨后扫,看相不佳及时扫,让幼儿尽情欣赏落英缤纷的美景,获得愉悦的美感。例如,春天里,樱花随风飘落,一夜过后,满地繁花。树上的樱红、飘扬的花雨、满地的落花,一眼望去,皆是美景。有的幼儿将落花捧在手心,逐片吹落;有的幼儿收集落叶,向着天空抛起,犹如下起了樱花雨,教师随即为幼儿拍照留念。大自然美景成了校园里的网红打卡地,幼儿对美的感知、欣赏和体验在户外自然美景中不断生发。

(2) 开发家庭资源,拓展材料来源

倡导幼儿家长主动收集各种生活材料、自然物,用于幼儿的户外艺术创想活动。大量原生态、低结构、生活化且符合幼儿兴趣、需要的材料,为幼儿户外艺术创想活动生成无尽的活动创意。教师基于幼儿的需求,引导家长有意识地为幼儿提供家中可利用的美术材料、生活材料等,为幼儿的艺术情感表达提供了强有力的支持。

(3) 利用社区资源,丰富体验与感知

我们依托公园、美术馆、博物馆、图书馆、文化广场、公共绿地、老街等人文景观和活动场所,根据不同幼儿的年龄特点,每学期组织开展"寻美之旅"系列体验与欣赏活动,让幼儿感受建筑之美、自然之美、人文之美,开拓视野,增强审美,开拓幼儿的艺术创意思维,丰富幼儿的体验与感知(见表0-2)。

表 0-2 "寻美之旅"活动安排

年龄段	学期	活动频数	预设内容	资源场所	组织形式
小班	第一学期	2次	秋季户外实践活动	公园	亲子
			亲亲大自然	周边社区	师生
	第二学期	2次	春季户外实践活动	公园	亲子
			春天花儿开	市民广场	师生
中班	第一学期	3次	秋季户外实践活动	公园	亲子
			美丽的街心花园	社区	师生
			秋叶飘飘	创意园区	师生
	第二学期	3次	春季户外实践活动	公园	亲子
			我是安亭小主人	市民广场	师生
			春天在哪里	周边道路	师生
大班	第一学期	4次	秋季户外实践活动	公园	亲子
			丰收的田野	望新农田	师生
			一千岁的银杏树	古树公园	师生
			美在我身边	汽车博览公园	师生
	第二学期	4次	春季户外实践活动	公园	亲子
			韵味老房子	安亭老街	师生
			精彩新建筑	安亭新镇、嘉亭荟	师生
			奇特的时钟	大来时钟博物馆	师生

4. 儿童视角下户外环境资源应用的研究

（1）户外环境的利用与创建

基于园所的实际情况，我们因地制宜，将传统的户外活动场地进行自然化改造，拓宽户外艺术创想活动的自然空间。主要做法：一是梳理场所局限问题。我园户外面积偏小，整体教学楼结构是 E 字形，前后三排教学楼中间是塑胶操场，东侧有围墙阻隔。两块操场在日常运动中发挥着较为重要的作用，但是作为户外艺术创想活动空间，它们似乎显得生硬、呆板。二是捕捉亮点，因势而设。整个户外区域呈 C 字形，根据这一地形，在教学楼南侧建造了长方形大沙池一直延伸至亲水平台，道路两旁种植多品种的花草，使环境布局更合理。在校园的北面去除一部分灌木，开辟一条"神奇的小路"。通过不同材质的路面与各种观赏类动植物的巧妙组合，使自然区域的功能特征得到充分显现。

（2）精心规划自然资源

通过对幼儿园自然空间的现状调研和信息分析，对校园东南侧的 C 型空间进行精心规划和改造，合理挖掘户外资源，精心设计和改造户外创意环境。一是巧妙组合，推陈出新。在设计与改造过程中，结合本园现有环境进行巧妙组合与改建。比如，户外玩色区里有一个以经典绘本《花格子大象艾玛》为背景打造的"艾玛的园子"，那里有几只非常可爱的小象造型的池塘。幼儿总爱在里面踩着水玩，我们就利用场地的特殊造型及功能，结合艺术创想活动，使池塘成为幼儿绘画的天然大画纸。让幼儿在自然、愉悦的情境中自主进行涂鸦、玩色等，感受艺术创作的简单又好玩，满足幼儿在大场景下的创意表现需要。二是立体布局，拓展空间。针对本园户外环境有限的问题，我们在原有基础上尝试一地多用、有机整合。比如在自然物拼搭区，顺应儿童好动好奇的天性，在山坡上利用大树打造了"空中树屋"，将山坡的上下空间充分利用起来。幼儿既可以在树下玩拼拼搭搭游戏，又可以到"半空中"眺望远处风景、进行创意表现。又比如户外玩沙区域在满足儿童自主探索需要的基础上，兼顾开展户外艺术创想活动。我们在沙池里原创设计并投放了可移动的沙桌、各种彩色底板的图形画框，以及大型油画布、刷子、树枝、瓶子、轮胎等材料，为儿童的创意玩沙提供了保障。三是区域设置，开合并进。因地制宜的区域调整与创建，使户外艺术创想活动的环境布局和空间资源与幼儿的活动兴趣和需求得到有机融合,先后创建了户外玩色区、创意沙画区、自然物拼搭区、光影区、写生五大区域,创设了适宜的场地空间,丰富多元的材料和移动式的工具箱按区域分门别类进行投放。单纯的分区是一把双刃剑,虽然较好推动了儿童的表达表现,但在一定程度上也限制了幼儿的想象空间。为此,我们在一些"留白区域",投放了各类自然材料和生活材料,让幼儿自主选择,鼓励他们天马行空地进行表达和创造。由此,收获了合中寓开、开中寓合的两全其美的活动效应,释放了幼儿的天性,激发了幼儿的潜能。四是利用幼儿作品,扮靓户外环境。在校园内,教师创设了欣赏展示区,幼儿的作品被打印装裱后布置于户外与门厅等公共区域,让幼儿既能体验自身的获得感,也能欣赏同伴的精彩创意。在"自然物拼搭"活动中,幼儿日常参与活动的照片或者作品照片被悬挂在树屋台阶上,幼儿在欣赏同伴创意作品的同时,也为自己的创想表现提供了参考和借鉴。在"创意沙画"活动中,基于幼儿的需求,教师提供了电子相册,呈现一些和户外艺术创想有关的图片、视频、名师作品等,让幼儿在缺乏灵感或者遇到其他困难时,可以获得参考支持,从而激发幼儿的灵感和创造力。

(四) 儿童视角下户外艺术创想活动材料提供的研究

材料是幼儿开展户外艺术创想活动的重要基础。为了让每一位幼儿感受快乐、亲历创想、获得发展,我们对材料投放的类型、方式进行了研究,让幼儿沉浸于大自然情境中,大胆地进行创作想象和表现表达。根据幼儿对材料喜好倾向的调研,我们依据幼儿对材料的关注度从高到低进行材料选择,考虑材料的结构化属性、自然存在性、数量等(见表0-3)。

表0-3 幼儿对于材料看法的树状节点和典型案例

	树状节点	典型案例
材料	低结构性	自主摄影中,幼儿表示:"我拍的是户外拼画的小石子,鹅卵石能拼各种各样的小东西。"
	自然	儿童会议中,幼儿表示:"我喜欢多一点贝壳。"

续　表

	树状节点	典　型　案　例
材料	数量	儿童会议中,幼儿表达:"我喜欢沙画。因为我怕松果这些东西被人拿掉了就找不到了,但是沙子有很多。"
	多变	自主画图中,既可以将木框用作沙画的底板,也可以用来拼搭乐器。
	趣味	儿童会议中,幼儿表示:"我希望可以有水枪玩。"
	尺寸	自主画图中,幼儿表示:"我想在一块很大的板上随便用材料涂鸦,最后变成冰淇淋。"
	提供方式	儿童会议中,幼儿表示:"我不喜欢沙画,因为我觉得沙子用着用着就没了,自己去筛沙子很烦。"
	规则	儿童会议中,幼儿表达:"我最不喜欢摘花,因为采的花都是种出来的啊,有些花不知道能不能摘。"
	材料的"可迁移"性	儿童会议中,幼儿表示:"我有个想法就是把教室里的积木拿出去拼画,这样材料就会多一点。"

1. 材料提供原则的研究

前期调研中,通过马赛克等方法,我们深入了解了幼儿在艺术创想活动中对环境选择和材料选择的喜恶倾向。在材料提供原则上,注重幼儿的兴趣爱好和意愿,确保他们能够自主选择和有效使用自己喜欢的材料。

(1)安全性原则

安全是首要原则。确保投放的材料无毒无害,保障幼儿的健康和安全;避免不合适的艺术设施或材料,如锋利的工具、有毒的颜料等,否则会给幼儿的安全带来隐患。在活动中,幼儿经常会使用天然素材制成的颜料,如蔬菜和水果提供的天然染料,这些颜料更加环保,对幼儿较为友好。

(2)创意性原则

我们提供各种开放性强,富有挑战性和创意性的材料,鼓励幼儿展示自己的想象力和创造力。例如大尺寸的保鲜膜、帆布帐篷、彩纸和黏土,有利于幼儿自由绘画、剪贴或拼贴等,创作出自己喜爱的艺术作品。

（3）多样性原则

不同的区域提供不同的户外艺术材料，涵盖不同区域，以满足幼儿的兴趣和需求。例如，在自然拼搭区提供各种自然物（树叶、石子、鲜花等）；在沙画区提供细沙、画框等；在写生区提供画笔、画板等，让幼儿自由选择区域和材料，开展不同形式的艺术探索。

（4）自主性原则

鼓励幼儿自主选择和使用户外材料，促进其独立思考能力和创造能力的逐渐形成。例如，在户外创作时，让幼儿根据自己的创意需求，自行收集松果、石头、树皮等自然材料，并进行统一的归类和摆放，既激发他们的艺术创作灵感，又帮助幼儿养成收集和整理的好习惯。

（5）环保性原则

鼓励幼儿选择落叶、树枝、落花等自然材料，而不是摘取鲜花破坏自然环境。让幼儿学会尊重自然、热爱自然、感受自然的美，自觉保护生态环境。例如，在秋天，幼儿用捡到的漂亮落叶创作树叶风铃、树叶面具、树叶项链、树叶拼贴画等，在创意表现中进一步萌生对大自然的热爱与敬畏。

2. 材料提供类型的研究

基于调研中观察到的幼儿喜好，我们注重幼儿的兴趣爱好和意愿，在材料投放上投其所好，优先提供他们喜欢的材料，激发他们的创造力和自主性，促进同伴之间的互动和合作。

（1）自然材料，就地取材

我园坐落于居民区内，小区内的材料非常丰富。教师倡导就地取材的原则，鼓励家长利用亲子散步等机会，带领幼儿收集各种自然物，例如树叶、树枝、落花等。其次，依托各种户外活动，师幼共同寻找各类自然材料。例如，幼儿用平板电脑记录自己发现的美景；将收集的树叶按照颜色的深浅进行有序排列；将透明的动物轮廓图放在彩色墙面上发现色彩的变化。生活不缺乏美，只要我们拥有儿童立场，立足美的视角，定能辨识和收获大自然馈赠的多元材料。这些"宝贝"成为幼儿开展户外艺术创想活动的天然好素材。

（2）生活材料，变废为宝

基于"废物利用"的环保理念，教师鼓励亲子共同收集家中废旧的用品与材料，如鞋帽、衣物、锅铲等。这些经过清洗、消毒的低结构生活化材料，成为艺术活动深入开展的材料来源。同时，在园所大厅创设"宝贝回收站"，幼儿可以分类摆放在家中收集的各类生活材料，如彩色丝带、布料、毽子上的羽毛、麦穗、瓶盖、丝瓜筋等，品种多样，呈现立体。"宝贝回收站"既是幼儿开展活动的材料供给站，又是园所环境的一道靓丽风景线。

（3）美术材料，突破常规

多元的操作材料可以拓展幼儿在户外艺术创想活动中的创造性想象，因此我们在材料投放时注意多元组合，提供丰富多样、可以随意组合的材料，以尽可能满足幼儿的创作需要。比如在户外玩色活动中，将油画布与透明塑料薄膜作为绘画的载体，让幼儿在上面进行滴色、喷色、混色等，同样的作画方式在不同的载体上却呈现出不同的效果——油画布会吸附颜料，呈现的色彩鲜艳；透明塑料薄膜上呈现的色彩富有流动感。两种材料的提供，让幼儿在玩色中提升了对美的多种体验和感受。再如，我们将吸管、绳子等具有可塑性的材料投放于"小鸟穿花衣"活动中，让幼儿通过接长、变短、弯曲、拉伸等手法将材料粘贴到小鸟身上，在创作过程中感受材料的不同特质。

（4）灵活组合，激发创意

户外艺术创想活动的材料丰富多样，有自然环境中的自然资源，如散落在草地上的树叶、花瓣、果子；大树周围大小不同、颜色各异的石头等，也有师生共同搜集的，存放在材料架上的生活材料，如形状不同的木片、大小不同的纽扣、色彩绚丽的布料等。在活动中，我们对材料的玩法和用途不加限制，让幼儿充分地自主选择、灵活组合，生成了很多意想不到的精彩创意。

（5）保存材料，持久利用

在实践研究过程中，我们曾受困于树叶等自然材料不易保存的问题。比如，幼儿想留住秋天，但秋天树叶凋零干枯，树叶干了易碎。基于幼儿的需求，我们多方查阅资料，多次实践尝试，终于发现用白胶涂抹树叶的正反面，等晾干后树叶可以基本保持原状，叶脉纹理清晰可见。这种办法可以最大限度保留树叶里的水分。同样，在鲜花保存方面,幼儿将捡拾到的花瓣压在书里,但是几天后就变色了。于是,教师提供了干花制作器,用专业的工具引导幼儿自主制作干花。由此树叶、鲜花等易损坏、易变色的问题就这样迎刃而解了,自然材料使用的自由度得到明显提高。

3. 材料投放方式的研究

幼儿的学习兴趣会经常变化,创想行为会不断出新,对材料的需求也会随机变化,所以在材料投放上必须顺应幼儿、追随幼儿、满足幼儿。

(1)随主题而变

在不同的主题背景下,户外艺术创想活动的材料投放也随之发生改变。比如,在"我是中国人"主题中,幼儿前期已经通过故事、绘画等方式积累了关于长城的经验。在户外创意沙画区,师生共同讨论搭建长城的材料,如小推车、塑料桶、铲子、大鹅卵石、国旗等。在活动中幼儿自主运用这些工具与材料,结伴合作创建了沙雕"长城""东方明珠"等。当开展"动物大世界"主题时,他们又不约而同地用多样材料搭建起了动物园、侏罗纪世界等。

(2)随兴趣而变

每个幼儿对于材料和活动都有自己的兴趣和偏好。我们则根据幼儿个体的兴趣,灵活地选择和调整户外艺术创想活动材料的投放。坚持以幼儿发展为基准发挥各种材料的效用,不同的材料对应不同年龄段幼儿的兴趣。我们对材料进行取舍、组合,促使幼儿生成新的表现愿望,引发幼儿的持续探索。

(3)随需要而变

基于幼儿的需求和各活动内容的特点,我们一般在三个方面随机应变。一是为幼儿提供可移动的工具车,用于收纳摆放各类工具、材料。幼儿可以将收纳小车推到自己的活动区域附近,既便于拿取材料,又便于结束后收纳整理。二是材料的放置清晰可见。工具车上的材料架用不同的颜色或图案进行标记,增强了可视性和吸引力。此外,每个装材料的容器都有特定的标签,让幼儿能够轻松辨认和有序归类。三是重视幼儿参与决策。通过儿童会议等形式,让幼儿自主参与并决定材料和工具的增加和更换。例如,户外艺术创想活动后,幼儿分组商讨并决定下一次活动所需的材料,增强幼儿的主动性和创造性。教师根据实际情况,提供一些可选内容和建议,帮助幼儿做出合理的选择。

(4)随季节而变

季节的不同,户外树木与花卉也发生着相应的变化,幼儿在不同季节中都有丰富多样的感受。例如,园内植物,春有白玉兰、迎春花、樱花,春末夏初有绣球花、石榴花,夏有太阳花、栀子花,秋有桂花,冬有腊梅,冬末初春有山茶花。有着明显季节特征的花卉树木带给幼儿多元、直观的感知和认识,使他们对自然美的情感体验更加深刻,有助于激发其内心主动表达的愿望。

4. 各年龄段户外艺术创想活动主要内容的匹配性研究

基于幼儿的年龄特点和需求,通过一次次的现场观摩、案例研究和专题研讨,不断改进和优化户外艺术创想活动内容,形成了三个年龄段的 20 个活动内容索引,其中小班幼儿的户外艺术创想活动有艾玛玩色乐园、拼画小天地、树叶变变变等;中班幼儿的户外艺术创想活动有快乐涂鸦、小小"陶"园、一花一叶一世界等;大班幼儿的户外艺术创想活动有创意玩沙、拼搭进行曲、光影魅力等。每一个经过实践探究形成的户外艺术创想活动方案翔实完善、图文并茂、操作性强,从价值取向、环境与材料、玩法、观察重点、活动提示五个方面直观呈现我园原创户外活动案例,并形成可视化活动方案(见表 0-4)。

表 0-4 各年龄段幼儿户外艺术创想活动内容指引(举例)

年龄	活动名称	主要材料	活动场景	价 值 取 向
小班	艾玛玩色乐园	油画布、地书笔、粗麻绳等	户外水池	1. 大胆使用各种工具,尝试运用喷、洒、拖、画等方式涂鸦。 2. 感知色彩的融合与变化,体验户外玩色活动的乐趣。
	拼画小天地	木片、树枝、自制画框、白胶等	雪松树屋、草地	1. 在户外自然环境中,发现和选择自然材料或生活材料。 2. 按照自己的意愿和想法分类、组合、拼搭,喜欢自己的作品。 3. 愿意讲述自己拼搭的画面。

续　表

年龄	活动名称	主要材料	活动场景	价值取向
小班	树叶变变变	树叶、颜料、点胶、面具等	户外草坪	1. 走近大自然,在观察与探索中发现树叶不同的造型、颜色、厚薄等,感知树叶的美丽。 2. 运用树叶进行艺术表现,体验树叶的百变玩法与创意。
中班	快乐涂鸦	塑料挤压瓶、木块、石头、透明软玻璃等	可开展创意涂鸦的户外设施,如高低杠、下水管道	1. 自主选择材料进行涂鸦,感知色彩交融后的渐变与重叠,体验玩色的乐趣。 2. 根据颜料融合组成后的不同形态,自主选择材料继续想象添画。
	小小"陶"园	陶泥、陶泥工具、树叶、干花等	亲水平台	1. 在捏捏玩玩陶泥和用泥浆绘画的过程中,感受不同干湿陶泥的特点以及不同自然物独有的印记。 2. 按照自己的愿望动手捏造喜爱的事物,体验创作的乐趣。
	一花一叶一世界	收集册、点读笔、标本制作器、平板电脑	校园树木花卉欣赏区、亲水平台	1. 观察了解幼儿园户外种植的各种树木花卉,了解其名称和主要特点,感受大自然植物的奇妙与美。 2. 用自己收集的花和叶进行创意表现,体验创造的乐趣。
大班	创意玩沙	透明画框、油画布、沙画桌等	沙池	1. 喜欢玩沙,感受沙子的千变万化,体验和同伴合作创意玩沙的乐趣。 2. 运用挖、拍、压、印、堆、画等方法,结合不同的材料组合进行沙雕或沙画创作。
	拼搭进行曲	树叶、树枝、花朵、木片、松果等	草坪、小山坡	1. 喜欢自然物特有的形状、纹样,感受自然物拼搭的自然之美。 2. 运用收集的自然物和辅助材料进行组合拼搭,体验户外拼搭的自由与野趣。
	光影魅力	雪弗板、大卡纸、彩色玻璃、积木块等	光线较好的户外空地	1. 有兴趣地观察人和物在阳光下的影子,乐意探索与发现光与影的关系。 2. 尝试用自己喜欢的方式表现人与物的影子,感受光影魅力。

（五）儿童视角下户外艺术创想活动中教师角色定位与支持策略的研究

陶行知先生"教学做合一"的教学方法论指出:做是核心,如何做决定如何学,如何学决定如何教,教的法子须依据学的法子。这一观念给研究教师的支持策略提供了极大的启示,为此我们立足儿童视角,拟定具体的教师支持方式。

1. 幼儿喜欢的教师支持研究

(1) 提供关于艺术创想的关键建议

一是当幼儿对于创想没有头绪,有想法无行动,或者有行动无创意时,幼儿希望教师提供可参考的创想建议。儿童会议中幼儿表示:"我最不喜欢的是树叶拼画,材料是够的,就是想不出来搭什么。""我希望老师给我提点意见,比如可以添画成什么样。"二是幼儿对于活动的喜欢随着时间的推移发生变化,多次重复或没有找到新的玩法时,最初的欢喜变成了无奈和烦恼,幼儿的兴奋度在不断降低,期待教师的引领。幼儿表示:"我喜欢沙画,因为沙画可以画出各种各样的东西,我们家没有,现在不喜欢沙画了,因为现在玩腻了。"

(2) 能够给予更自由的艺术创作空间

目前,部分幼儿是根据教师预设的主题或方法开展活动的。这在一定程度上限制了幼儿创新创想的空间,幼儿期待更大的自由。儿童访谈中,幼儿都表示:"我希望让我随便画,不要画影子,这样我就可以画我喜欢的东西。""方法是老师规定的,画什么是自己决定的。"

(3) 解决材料使用的困难

当幼儿觉得使用材料不方便时,兴趣度会降低,期待教师的支持。儿童会议中,幼儿表示:"我讨厌的是滴胶,因为滴胶有可能会粘到手。"在儿童访谈中,幼儿表示:"我碰到了颜料挤不出的困难,我希望老师可以帮我挤颜料。"

(4) 创意作品的固化和保存

幼儿希望正在成形的作品不受外界因素影响。对于成品,幼儿希望在教师的支持下保存和展示作品,这让他们更有成就感。儿童访谈中,幼儿表示:"我用树叶的时候,风会把它吹走。我希望老师帮我想一些好办法。"

(5) 解决秩序和规则问题

幼儿期望教师能够帮助他们解决在活动中的人际交往冲突,主要涉及游戏规则的遵守、材料被任意拿走等问题。儿童访谈中,幼儿表示:"有的时候小朋友想和我一起玩,但是人已经满了,他不肯走开。我希望老师告诉他可以到其他区域玩。""有一次我就是因为拿东西去了,不仅作品被踩坏了,还被其他小朋友拿走了材料,还要重新拼。希望老师帮帮我。"

(6)帮助寻找游戏伙伴

活动主要以小组合作的方式展开,有时会出现个别幼儿找不到同伴的情况,这时,幼儿希望能够得到教师的帮助。幼儿访谈中,幼儿表示:"每一次树叶拼画想找个朋友一起玩,可是找不到朋友,希望老师帮助一起找伙伴。"

2. 教师角色定位的研究

(1)观察者和记录者

户外开放的环境,要求教师在幼儿与环境的相互作用中,善于观察幼儿的神情、言语和行为,记录下幼儿的创意表现和进展情况。通过观察和记录,教师可以敏锐地捕捉有价值的信息,进一步基于儿童的兴趣和需求,为个性化支持和创意表达打下基础。

(2)创意引导者和激发者

教师要与幼儿处在同一个视角,理解幼儿、读懂幼儿,通过提供启发性的问题、展示创意作品、分享艺术家故事等方式,满足儿童的个体化需求,激发并引导幼儿产生创造性的想法和表达方式。当教师给予幼儿有效的鼓励和帮助后,幼儿解决问题的信心必定倍增,惊喜的创意也会随之而来。

(3)创新同行者和推进者

教师要以创新同行者和游戏玩伴的角色投身于活动中。在轻松且无拘无束的户外环境下,倡导师幼并肩合作,探索各种艺术创造材料表达的可能性,激发幼儿的创造力、创新思维,培养团队合作能力。

在实践研究的历程中,我们深深体会到,必须精心呵护幼儿的好奇心,抓住每个教育契机,着力营造宽松、自主的创意活动环境,激发幼儿自主探索、大胆创意的欲望,让幼儿在不断创想的活动过程中获得成功体验。教师要站在儿童立场,参与他们的游戏,支持他们的想法,共同萌发新的活动思路和生长点,使幼儿的户外艺术创想活动越来越精彩。

3. 教师的全过程支持策略研究

教师的有效支持为幼儿户外艺术创想活动的深入开展提供了切实有力的保障。在实践研究中,课题组重视幼儿主体性作用的发挥,尝试提供有效支持,明晰支持活动的关键点,关注幼儿的活动投入度,形成了四大阶段九个策略(见表0-5)。

表 0-5　教师对于幼儿的全过程动态支持策略表

阶　段	策　略	要　点
创想阶段	亲历策略	让幼儿亲历现场,沉浸式感受户外世界。
	欣赏策略	让幼儿多渠道欣赏(大自然的照片、绘本、画家作品等),丰富生活经验。
	捕捉策略	敏锐捕捉(通过记录表、儿童会议等),关注幼儿需求。
创作阶段	观察策略	敏锐捕捉观察点,满足幼儿学习需求。例如,通过平板电脑或者手机等工具观察和记录幼儿的现场投入度、碰到的问题、幼儿的兴趣、同伴间的互动、如何运用材料创意表现等。
	指导策略	抓住关键节点,适时推动提升。例如,关注幼儿在户外创意表现中独有的想法与表现、自然材料运用的创意以及生生互动的状态等。
分享评价阶段	组织策略	大班幼儿采用小组或自由结伴的走动式欣赏交流。小、中班幼儿采用教师带领下的走动式欣赏交流。
	交流策略	幼儿与众不同的表现方式、新内容的创造、材料创新运用、解决问题的方法、同伴间的合作以及幼儿情绪体验等。
反思跃升阶段	呈现策略	巧妙展示作品(将幼儿作品制作成毯子、抱枕等),激发幼儿创作热情。
	反思策略	立足儿童视角,通过儿童会议、儿童摄影、自主画图等方式,倾听幼儿的想法。

(1)创想阶段——聚焦感受和体验

陶行知先生认为:儿童的创造力既是一种遗传素质,更是需要经过后天的精心培养才能充分发展的。作为一个教育工作者,应该培养儿童的创造力,使之得以充分发挥。[①]

---

① 李长玲.试论陶行知的创造教育思想及其现实意义[J].产业与科技论坛,2013,12(02):190-191.

一是亲历策略。幼儿的创想不是无本之木,无源之水。活动前各种沉浸式信息的主动获得是幼儿创想的前提和基础。幼儿走出教室来到户外,观察比较事物的基本特征,直接积累具体形象的观察经验。例如,在一次户外写生活动中,女孩小易的观察非常细致,她非常细心地触摸、观察大树的软硬、颜色、纹理等。随后,在创作的过程中,她大胆表现大树的纹理、深浅颜色等,画面逼真且灵动。二是欣赏策略。依据不同的主题、季节及幼儿的需求,我们提供了丰富多样的艺术资源,如实物、图片、绘本、微视频、画家的代表性作品等,让幼儿充分获得欣赏的机会,增强美的感受与体验。比如,教师在开展户外创意沙画前,通过视频、照片、绘本等方式,让幼儿了解沙画创作的基本方法,并欣赏国内外各种风格的大师沙画作品。三是捕捉策略。幼儿是户外艺术创想活动的主体。教师认真倾听幼儿的声音,积极关注幼儿对创想活动的潜在需求。例如,大班快毕业了,幼儿提出要举行户外的艺术创想毕业展,教师抓住这个敏感点,支持幼儿的活动生成。各班幼儿共同商议艺术毕业展所需材料清单,共同收集材料,制作创意毕业作品,自主布置展台等。五个大班与户外自然环境相融合的毕业展台,摆满了幼儿的创意作品。丰富的作品透射出幼儿的大胆创想,也是教师敏感捕捉、支持推动的缩影。

(2)创作阶段——动态灵活引导

一是观察策略,敏锐捕捉观察点,满足幼儿创想需求。要求教师退后一步,学会放手。但放手不是放任,教师既要"看见"又要"看懂",避免不了解情况而产生不合适的指导行为。具体观察内容主要为:观察幼儿的现场投入度、碰到的问题、幼儿的想法、同伴间的互动、如何运用材料创意表现等。同时在户外艺术创想活动中,鼓励教师与幼儿采用手机或平板电脑拍摄的方式记录幼儿艺术创想活动的精彩片段。幼儿在与材料不断"碰撞"的过程中,既能迁移原有的经验,又能产生新的创意、新的想法,并调整自己的行为,在此过程中享受创作带来的无尽乐趣。在许多创意活动中,教师对幼儿的表现或多或少会有所期待,并且会根据自己的经验来预设玩法,提供材料。因此,有时候,教师需要静静地倾听与观察,相信幼儿,我们的"不说""不做"可能会换来幼儿的无限创意。二是指导策略,抓住关键节点,激活艺术表现。在幼儿户外艺术创想活动中,教师适时的介入指导能起到很好的启发与引导作用,既发挥了幼儿的主动性与积极性,又在尊重了解的基础上为幼儿提供了支持。在实践研究中,我们发现小班幼儿热衷于户外的玩色涂鸦、简单的自然物拼画、沙画等,因此我们不会随意干预幼儿的创作过程,而是提供充足的材料,让他们自由摆弄、充分表现,鼓励幼儿大胆创作。对于中、大班幼儿,我们更关注他们在户外创意表现中独有的想法与表现、自然材料运用的创意以及生生互动的状态等。

(3)分享评价阶段——鼓励幼儿大胆表达

一是组织策略。有效分享交流可以让幼儿的创想火花得以迸发,能够让幼儿重温自己和同伴的创意过程,进一步提升审美能力,拓展创意思维,获得愉悦的情感体验。在与幼儿的交流互动中,教师始终用欣赏的眼光,鼓励和肯定幼儿的创意表现,给予幼儿充分的信任。在组织形式上,大班幼儿采用小组或自由结伴的走动式欣赏交流,小、中班幼儿采用教师带领下的走动式欣赏交流。在分享内容上,重视预设与生成相结合。二是交流策略。分享交流的内容可以是幼儿与众不同的表现方式、新内容的创造、材料创新运用、解决问题的方法、同伴间的合作以及幼儿情绪体验等。比如在交流分享时,小朋友介绍自己作品时,教师适时抛出问题与全体幼儿进行互动:"这里有什么有趣的故事?"引导幼儿积极表达画面背后的故事和寄寓的情感;"用到了哪些特别的材料?"从材料的创新使用角度进行适度提升;"在过程中有没有碰到困难? 你是如何解决的?"交流分享的主体是幼儿,教师要把话语权交给幼儿,鼓励幼儿提出创作中遇到的问题,引导同伴合作解决问题,使个体的成功经验成为大家可借鉴的学习资源。

(4)反思跃升阶段——渐进调整促优化

一是呈现策略,巧妙展示作品,激发创作热情。通过师幼共同商讨,根据材料或作品的特性,决定采用不同的呈现方式。例如,在"自然物拼画"中,幼儿用大大的透明相框将作品罩住,这样自然拼画立刻变身成一幅精美的户外艺术作品;在"光影魅力"中,幼儿在 4 米长的画卷上挥洒创意,"恐龙世界"跃然纸上。幼儿获得自我展示和互相学习的机会,则增强了幼儿的成就感和体验感。二是反思策略,立足儿童视角,点燃创想火花。我们立足儿童视角,以教师的积极反思推动户外艺术创想活动的不断优化。我们从活动的价值、材料的投放、幼儿的参与度、幼儿遇到的困难和挑战、幼儿核心经验的把握等方面反复进行实践研究,从而提升活动效果。

4. 基于幼儿个体间差异的针对性指导策略研究

幼儿的发展水平和个性差异决定了他们对于外部世界的认识和体验各不相同。在活动初始阶段,个别教师往往有固定思维,容易忽视个体差异和发展的可能性。在实践研究中,教师应大胆放手,充分认识和尊重幼儿间的个体差异。

(1) 搭建支持鹰架,释放个性潜能

儿童是独立的个体,他们的成长环境、性格特点、爱好特长、智力类型等均不相同。在户外自然开放的环境中,幼儿利用各种材料进行创意表达的过程,既是幼儿不同生活经验的体现,也是创造性思维的迸发。教师的差异性支持能让其思维流畅性、独特性得到更大程度的释放。

(2) 关注弱势幼儿,推动本真创意

教师要发现、肯定和接纳幼儿独特的审美感受和表现方式,根据幼儿的不同发展水平有目的地实施分层指导。尤其是对于处于弱势的幼儿,让他们从多样化的活动体验中获得成功的满足和喜悦,进而产生新的创意动机和目标愿望。

(六) 儿童视角下户外艺术创想活动评价的研究

坚持儿童视角的评价,关键是尊重每名幼儿的独特性,重视他们的创新想象和表达能力,过程中的内心体验比完成看似"完美"的作品更重要。因此,我们的评价着重于两大方面:一是关注幼儿创作过程中的探索和发现。评价是为了激发儿童的创造力和想象力。幼儿在评价中是主动的、自我驱动的,能充分发挥自身主观能动性。《3—6 岁儿童学习与发展指南》提出"评价应采用观察、谈话、作品分析等方法"。观察幼儿的活动效果,通过谈话了解他们的感受和思考,通过作品分析理解他们的创新和创意,这是评价的重要部分。二是注重幼儿的内心表达和创造性发展。通过评价,进一步了解幼儿的想法和情感,并鼓励他们不断挑战,迸发新的想法和创造力。

1. 评价必须注重幼儿的自身参与与体验

儿童视角下的户外艺术创想活动是一种强调幼儿参与、感受、想象和自由表达的亲历性活动,幼儿在其中获得的体验,不仅是他们在活动中的收获,也是对活动的一种评价。让幼儿描述其活动体验,我们可以获得幼儿对活动的反馈。幼儿非常关注自身在活动中的实际体验,一些在成人眼中无足轻重的细节也会影响他们的情绪和兴趣(见表0-6)。

表0-6　幼儿对于自身体验的树状节点及典型案例

	树状节点	典　型　案　例
自身体验	主体性	自主摄影中,幼儿拍的都是自己参与的并感到满意的作品,而不是校园里教师装饰的设施。
	情感愉悦	自主摄影中,幼儿表示:"我喜欢写生,因为这很有创意感,我喜欢画一些花花草草,这让我心情很愉快。"
	想象创新	自主画图中,幼儿表示:"我喜欢这个压花,因为压花能压出来很多东西,还能添画。"
	已有经验	自主画图中,幼儿表示:"我画的是我在抓西瓜虫。我在木片堆里发现了很多。"
	获得感	在儿童会议中,幼儿表示:"我最不喜欢玩树叶拼画,因为树叶拼画在草地上拼,我总是拼不好。"
	艺术美	自主画图中,幼儿表示:"我还想画透明薄膜,因为可以锻炼出艺术感。"
	时长	儿童访谈中,幼儿表示:"我还没有画完老师就要收了,很遗憾。我还想继续玩下去。"
	担忧	在儿童会议中,幼儿表示:"我最不喜欢写生,因为书屋那里有鸟屎,我怕踩到脚下。"
	保存	在儿童访谈中,幼儿表示:"我们可以用石子拼起来,人少一点,然后可以玩的时间长一点。万一人太多,会把我们做的东西都拼坏了。"

(1) 幼儿更关注自身的活动体验

幼儿往往使用诸如"好玩""开心""有趣"等表达对于活动的喜好。对于自己喜欢的艺术内容能够沉浸投入,富有创意,并获得情感上的满足。相对而言,教师通常会从活动的价值考虑,在材料投放上面下功夫,预设三种以上的玩法,凸显活动对于不同幼儿发展的价值。成人习惯从大尺度和整体性的角度看待周围世界,幼儿更加关注看似"无关紧要"的细节。例如,树屋处的鸟屎、粉笔灰等都可能会引起幼儿对于活动的体验。

(2)幼儿期待更大的话语权

通过调研,我们真切感受到幼儿的内心世界,他们希望在活动中充分参与——玩哪个区域,用什么材料,创作什么内容,都能自己做主。例如,在自主摄影中,幼儿拍摄的都是自己参与的并感到满意的作品,而不是教师单独预设的环境。以幼儿体验为基础的评价原则主要指向两点:一是评价应关注儿童的感受力、表达力等;二是评价是否促进或阻碍幼儿自然、自发的艺术追求等,是否以开放性的问题支持幼儿的探索、学习和创意。

2. 评价的方式与内容的研究

(1)基于马赛克研究法,收集幼儿的评价信息

课题组以儿童视角为理论基础,邀请幼儿参与研究,运用马赛克研究法,在活动开展过程中,邀请幼儿发表对于户外艺术创想活动中环境、材料、教师支持等方面的想法,倾听幼儿的声音,关注幼儿的反馈,重视儿童自主的过程性评价。在重视幼儿需求和期待的基础上,开展团队研讨,进一步优化活动质量,提升幼儿的参与度、满意度,为幼儿的体验和表现提供有力支持。

本研究所采用的具体方法是儿童会议、儿童访谈、自主画图等(见表0-7)。

表0-7 本研究采用的五种参与评价的方式

维度	一级指标	具 体 说 明	评价结果		
			好	一般	差
感受与欣赏	儿童之旅	通过参观的地方、参观的内容、儿童介绍和旅程记录等倾听儿童的观点。			
	图片选择	研究者提前拍摄幼儿参与户外艺术创想活动的照片,幼儿选择自己喜欢/不喜欢的图片。			

续 表

维度	一级指标	具 体 说 明	评价结果		
			好	一般	差
感受与欣赏	儿童会议	幼儿自发、自主召集同伴,在户外区域内,一起商量和讨论,自由表达自己的观点。例如,在涂鸦区,幼儿表达对于颜料使用的想法。			
创造与表达	自主摄影	儿童围绕"自己喜欢的户外艺术创想活动"进行自主拍摄。拍摄结束后,幼儿就自己所拍内容和原因等做出解释。			
	自主画图	幼儿围绕"我喜欢/不喜欢的内容"进行自主画图。结束后,就自己所绘的内容给出解释。			

一是儿童会议。将幼儿随机分成4—5人的小组,展示户外创想活动的图片,进行面对面互动。例如,说说自己最喜欢、最不喜欢的户外创想活动有哪些? 我们班的户外创想活动还可以怎么玩? 通过与幼儿的互动,教师获得了第一手资料,幼儿的感受和评价成为我们调整和优化活动的依据和参考。例如,在一次会议中,一名幼儿表示:"今天只搭了房子,不开心,因为缺材料。"互动中,她继续说:"我想要彩虹色的树枝和五颜六色的石头。"基于幼儿的发展需求,我们在工具架中增加了多种颜料、多种功能的材料供幼儿选择。由此,她和同伴们一起自主制作了多彩的树枝和石头,经过观察、调整后,终于搭出了心中期待的"彩虹房子"。

二是面对面访谈。面对面访谈可以直接获取幼儿对活动的反馈,高效而真实。我们自主设计了访谈提纲,让教师与幼儿进行一对一访谈,了解幼儿对于户外环境、材料、教师支持等各个活动环节的想法。当幼儿的评价开始发声时,教师必须直面幼儿的声音。当幼儿的声音被放大时,问题随即也浮出水面,促使教师适时调整和优化。例如,在一次大班幼儿访谈中,有一个班级大多数幼儿反映:"最不喜欢在小竹林画画;也不喜欢玩恐龙乐园。"追问下,幼儿反馈:"颜料不容易洗,把衣服和手都弄脏了。"这让课题组成员很诧异,幼儿天生喜欢玩色涂鸦,怎么会最不喜欢这两个可以天马行空、大胆创意的区域? 我们将问题与班级教师做了沟通,教师也很惊讶:"我以为他们喜欢的呀,投放了这么多的材料,幼儿会出现这样的反馈让我很意外!"随后,课题组通过现场的调研,发现教师"小心不要把手和衣服弄脏;这个不可以这样哦;那个也不行的……"等不适宜的指导,看似"关爱提醒",实际是"限制高控",使幼儿在活动过程中受到过多的约束式提醒,自然就退缩了,不愿意"惹麻烦"了。基于此,团队通过共同研讨,形成要放手与激励的共识,要把握个体指导与群体提醒的适宜性,要求教师改变自己的指导策略。当孩子们放开"手脚"后,他们更愉悦、更大胆地玩起了"小竹林"与"恐龙乐园"两个区域创意活动。

三是幼儿自主以画说话。采用自主构画的方式,可以全方位、多角度聆听幼儿的声音。让小朋友们在画纸上画出自己对户外艺术创想活动的感受,可以画最喜欢的一个场景,也可以画某一个内容,然后鼓励幼儿大胆介绍,从中了解他们对于户外艺术创想活动最本真的想法和愿望。

(2) 借助云端档案袋评价,呈现幼儿成长轨迹

美国的《幼儿学习档案》一书中指出:通过档案评价,可以了解儿童的个别差异,观察每个儿童的进步情况;更重要的是在搜集儿童日常生活作品的同时,教师可以随时根据儿童的发展方向准确拟定教学计划,修正和完善教学活动。我们在对幼儿的户外艺术创想作品进行评价时,依托线上平台,要求班级教师建立电子的《幼儿户外艺术创想成长档案》。定期将幼儿不同阶段的创意作品收录其中,注上幼儿的姓名、创作时间、创作想法等。随着时间的推移,持续呈现幼儿的活动轨迹和成长感受;同时通过过程性评价不断优化教师的课程观,努力实现"让每一位幼儿感受快乐,让每一位幼儿亲历创想,让每一位幼儿获得发展"的课程目标。

(3) 依托自制观察表,明晰优化方向

我们以《3—6岁儿童学习与发展指南》《上海市幼儿园办园质量评价指南(试行稿)》、维克多·罗恩菲德的幼儿美术作品评价等为依据,研究形成了《儿童户外艺术创想活动观察表》,该表强调幼儿的感受与欣赏、创造与表达等主体特征,并在实践中不断检验、调整和优化。

四、研究效果

（一）从质的角度，见证幼儿的发展

户外艺术创想活动打破了纸、笔的限制，挣脱了教室的束缚，在户外广阔的空间里，让幼儿的创造性思维得到自然流露和充分张扬。幼儿对自然美的体验丰富且敏锐，表达美的形式丰富多样，思维方式独特且创新思维灵动，创意作品富有童趣和灵性，幼儿间的合作与交流更加出彩。

1. 对自然美的体验丰富且敏锐

随着幼儿对自然环境的认识日益加深，他们对周围环境的敏感度不断提高，感知力也得到提升。对大自然中常见的各类花草树木的名称、显著特征以及季节变化获得进一步的认知。例如，春天的桃花、樱花、梨花、迎春花，夏天的荷花、金银花、栀子花，秋天的菊花，以及冬天的梅花等，这些既是幼儿的欣赏对象，也成为他们创想创作的素材。在这种环境下，幼儿对自然美的情感体验更加丰富，对自然界美好事物的探究意识愈发强烈。幼儿能够运用各种感官去体验自然，开始注意到自然界中更多美好事物的特征，如动植物的气味、水声、风向、鸟鸣、虫鸣等，并主动收集、欣赏和交流大自然中的美。

2. 形成养成良好的艺术审美情趣

幼儿在亲近自然和欣赏艺术作品的过程中，能够从大自然的美景中汲取灵感，逐渐学会识别各种艺术美的形式，例如，色彩、线条、形状等艺术元素，逐渐形成自身的审美情趣，并在创作过程中不断锻炼审美能力。这种从欣赏到表达，从感知到创作的过程，对于幼儿艺术素养的提升具有明显的推动作用。

3. 思维方式独特且创新思维灵动

在自主创作的过程中，幼儿的思维能力得到较大的锻炼。在户外的环境中，幼儿

的思维不受限于常规的材料或方法,而能够自由发挥,并尝试用新颖的材料或独特创新的方法灵活地进行创作,充分挖掘自身的创造思维潜力,作品表现的内容例如故事情节、角色设定等凸显独特的创意和想象力。

4. 创意作品富有童趣和灵性

幼儿呈现出的创意作品更具童趣、灵性和美感。他们尝试运用多元的材料、树叶拼搭、沙画等形式表现自身的创想,作品蕴含大胆想象和创新。当教师看到层次感强、想象丰富的幼儿创意作品时,经常会不由自主地蹲下来浏览、倾听、询问,在听到幼儿的解释后,经常会有"原来如此"的想法,着实赞叹幼儿的创意与想象力。

5. 合作与交流更加出彩

户外艺术创想活动使幼儿的身心得到放松与愉悦,为同伴间的交流合作创造了良好的条件。活动关注幼儿本真的自主创想,结构化程度低,这使得幼儿与同伴之间的交流互动更为频繁,获得来自教师和同伴的欣赏机会变得更多。

幼儿能够走出以自我为中心的圈子,在小组合作中,主动与他人互动交流,共同进行创作,合作解决问题;能够倾听同伴的想法,肯定同伴的亮点,共同获得进步,培养了幼儿的合作精神、团队意识和互助能力。

历经活动感受与体验,他们既能悦纳自己的状态,又能理解和欣赏同伴的作品,还能为同伴的作品提出改进建议。在深刻体会到自身能力及与同伴合作成功后,幼儿变得更加自信、乐观和合群。

(二)聚焦"三个转变",助推教师的发展

本研究引导教师充分认识户外艺术创想活动对促进幼儿发展的价值和意义。与此同时,更新了教师的教育观念和教学行为,帮助教师实现了三个关键转变:一是理念之变,从"传统教育观"转变为"幼儿发展优先";二是角色之变,从"指导者"转变为"创意激发者",尊重幼儿的话语权和主体性;三是方法之变,从"研究儿童"转变为"和儿童一起研究"。

1. 理念之变：从"传统教育观"转变为"幼儿发展优先"

研究之初,部分教师较为依赖早已熟悉的教育模式,导致在开展户外活动时产生多种疑虑。他们担忧幼儿无法融入活动,或者可能存在顽皮行为,进而在取舍中停滞不前,甚至产生畏难情绪。

现在,教师已经深入理解了户外艺术创想活动在提升儿童素质方面的重要作用。这种认知让教师改变了原有的教育观念和行为模式,增强了"以美激趣、以美启智、以美冶操、以美育人"的教育意识,逐渐成为促进儿童发展的观察者和记录者、创意引导者和激发者、创新同行者和推进者。

2. 角色之变：从"指导者"转变为"创意激发者"

幼儿通过儿童会议、自主画图等方式进行表达主张、大胆创想的活动实践,有效激活了师幼、同伴之间的互动,教师从"指导者"转变为"创意激发者",促使幼儿自主选择不同区域,自行挑选多元材料,自由尝试艺术创作方法,幼儿的表达表现更加自信。幼儿的所思所想通过材料、绘画、语言等形式直观展现出来,个性化的需求得到极大满足。在这样的过程中,教师学会了倾听幼儿,将话语权还给幼儿,让幼儿真正成为创想活动的主体。

3. 方法之变：从"研究儿童"转变为"和儿童一起研究"

我们运用马赛克研究法,教师悉心倾听幼儿的声音,精心绘制幼儿的画像,请幼儿发表对户外艺术活动中环境、材料、教师支持等方面的想法,然后依托扎根理论,使用NVivo 12质性分析软件对所获资料进行编码分析,绘制了户外艺术创想活动中幼儿关键偏好的图景,并形成独特的技术实施路径和活动模式,在提升教师自身研究能力的同时,也为幼儿园的可持续发展提供了教育实践的新范式。

（三）重视交流推广,彰显园所特色

我园承办的上海市嘉定区大视野课程实施启动暨创想艺术联盟推进汇报,得到专家与同行的充分肯定,先后接待了市内外三十多所姊妹园的观摩与学习,并得到新闻晨报、东方教育时报、上海电视台、嘉定教育公众号、嘉定区教育局网站等媒体的专题报道,产生了较大的区域影响力。

参考文献

[1] 教育部基础教育司.《幼儿园教育指导纲要(试行)》解读[M].南京:江苏教育出版社,2002.

[2] 中华人民共和国教育部.3—6岁儿童学习与发展指南[M].北京:首都师范大学出版社,2012.

[3] 焦荣华.儿童与大自然的关系对儿童教育的启示[J].学前教育研究,2012(11):10-16.

[4] 蒋晨.幼儿园支持性环境的创设[J].学前教育研究,2013(02):70-72.

[5] 庄宏玲.幼儿园区域活动环境创设的策略[J].学前教育研究,2011(05):70-72.

[6] 赖兵.妙用自然环境,聚焦生态美育——幼儿园户外活动空间设计探索[J].教育观察,2019,8(03):32-34.

[7] 张洁.基于儿童视角的幼儿园美术课程实施研究[D].济南:山东师范大学,2020.

[8] 王楠,冯海英,杨萍.国内外儿童视角研究进展与展望[J].文教资料,2020(16):151-154.

[9] 袁清华.自然材料在幼儿美术活动中的创意表现[J].美术教育研究,2020(05):140-141.

[10] 黄进,赵奇."儿童的视角":历史生成与方法论探寻[J].学前教育研究,2020(08):3-11.

[11] 陆苗.谈幼儿的创造性与户外美术区的创设[J].儿童与健康,2020(07):36-37.

[12] 解一鸣.户外美术活动的价值[J].新课程教学(电子版),2020(12):107-108.

[13] 严俞洁.幼儿美术教学中如何正确运用范画[J].幸福家庭,2021(07):132-133.

[14] 李季鸽,唐莉英,张佳馨.美育价值下的儿童户外游戏空间形式美学研究[J].美术教育研究,2022(07):106-107.

[15] 杨继芬.儿童视角下户外艺术研究的情报综述[J].新课程研究,2022(36):90-92.

[16] 于艳蓉.幼儿园户外游戏安全隐患及应对措施[N].山西科技报,2024-01-11(B06).

[17] 冯宝梅.幼儿园户外自然游戏中融入STEAM教育的价值内涵与实施路径[J].长春教育学院学报,2024,40(01):120-124.

[18] Ford, Phyllis. Outdoor Education — Definition and Philosophy, Journal of Physical Education, Recreation & Dance, 1989, 60:2, 31-34.

[19] Arbor Day Foundation & Dimensions Educational Research Foundation. Learning with nature idea book: Creating nurturing outdoor spaces for children. Lincoln, NE: Arbor Day Foundation. 2007.

[20] Dennis, Jr. , S. F. , Wells, A. and Bishop, C. A post-occupancy study of nature-based outdoor classrooms in early childhood education. Children, Youth and Environments, 2014, 24(2): 35-52.

[21] Miller, D. L. The seeds of learning: Young children develop important skills through their gardening activities at a Midwestern early education program. Applied Environmental Education and Communication, 2007, 6:49-66.

[22] Nelson, E. Cultivating outdoor classrooms: Designing and implementing child-centered learning environments. St. Paul, MN: Redleaf Press. 2012.

[23] Kiewra, C. and Veselack, E. Playing with Nature: Supporting Preschoolers' Creativity in

Natural Outdoor Classrooms. International Journal of Early Childhood Environmental Education，2016：70－95.

［24］Cudworth，D. and Lumber，R. The importance of Forest School and the pathways to nature connection. Journal of Outdoor and Environmental Education，2021，24：71－85.

第一章

童味性：艺术创想活动的儿童立场

　　艺术是儿童表达对周围世界的认识和情绪态度的独特方式。艺术创想活动让幼儿在广阔的多场域空间里迸发各种奇思妙想，并进行创作与呈现。儿童立场是以儿童的眼光，从儿童的角度去审视世界所特有的思维方式与习惯，以及认知方式和价值取向。教师要以儿童视角倾听儿童的一百种语言，通过一草一木、一花一语、一沙一水、一墙一角……唤起幼儿潜在的艺术灵性和无限创意，激发幼儿的创想潜质，培养幼儿的想象力和创造力。

艺术是人类感受美、表现美和创造美的重要形式,也是表达自己对周围世界的认识和情绪态度的独特方式。随着教育部《3—6岁儿童学习与发展指南》(以下简称《指南》)的颁布,美术活动的组织与实施变化给教师带来了理念与行为的冲击。一直以来,教师注重"全面示范"的教学方法,因此,儿童的作品存在着成人化和模仿化倾向,缺乏童真与创造。《指南》中艺术领域目标清楚地指向两个重要方面:一是感受与欣赏,二是表现与创造。我们通过调查发现教师的理念与教学行为不能很好地对接,甚至有的教师出现回避开展美术活动的情况。

基于教师专业成长与幼儿艺术素养发展的目标,我们开启了"3—6岁儿童艺术创想活动的实践研究"。我们以龙头课题研究为抓手,通过多年的实践,不断优化艺术创想课程架构,完善课程管理机制,丰富课程内容,拓展课程实施形式,给幼儿创设自由表现与创想的机会。鼓励幼儿发挥视、听、触觉等功能,借助多种自然与生活化材料,通过不同艺术表现形式大胆表达自己的情感、理解和想象。

艺术是一种表达,也是一种创造。艺术创想活动是指在开放的自然环境中进行各种以美术为载体的艺术创想、艺术熏陶活动,并呈现出大空间、多材料、多形式、多方法等特征。让幼儿在亲近自然,充分欣赏与感受的基础上,在广阔的多场域空间里迸发各种奇思妙想,自主选择各种材料进行创作想象和表现表达。让幼儿快乐地"玩",在玩中,以美激趣,以美启智,以美冶操,以美育人。

一、直面儿童视角,培养幼儿想象力和创造力

在国家科教兴国的战略背景下,人们日益认识到培养儿童自主创新精神和创造力的深远意义,积极探索有效的教育途径和方式。同时,幼儿发展优先的理念主张教育要给幼儿提供自由表现的机会,要尊重每个幼儿的想法和创造,鼓励幼儿用不同形式大胆地表达自己的情感、理解和想象。我们认为,艺术想象力和科学创造是相通的。

因此，以大艺术教育的视野开展幼儿艺术创想活动，依托融合开放、多元的自然环境，释放幼儿的探究兴趣，激发他们自主创造的能力，是一种行之有效的途径与形式。它可以在幼儿艺术教育的目标、内容及组织形式等方面打破传统的以技能技巧为重、以示范模仿教学为主、偏离儿童日常生活的艺术教育框架，开辟新的路径和方式，保障《指南》和《幼儿园教育指导纲要（试行）》的理念扎实落地。

二、直面教师发展，促进教师专业素养提升

幼儿艺术创想活动的实践研究，旨在进一步提高教师对艺术活动的认识，提升教师实施艺术创想活动的专业能力。一是要求教师依据幼儿的年龄特点，在充分感受与欣赏中开展艺术创想活动，呵护幼儿的艺术天性，萌发幼儿的创意行为，鼓励幼儿多元化地创意想象与大胆表现。二是要求教师科学评价幼儿与幼儿作品，让幼儿在"艺术创想"中保持童真与淳朴。

那么，如何有效开展艺术创想活动呢？我们认为，教师必须成为幼儿的创意激发者和创新同行者。

（一）基于儿童，明晰艺术创想活动理念

创想活动是指打破常规，创造想象，追求求异与创新，让幼儿在户外广阔的空间里迸发各种奇思妙想，自主选择各种材料进行创意表现。一是教师要具有儿童视角。儿童视角是指从儿童的眼光和心理去发现和审视世界，在理解、观察、描摹事物、讲述事件时体现儿童所特有的思维方式与习惯，以及认知方式和价值取向。它是成人理解儿童的一种方式。本研究中的儿童视角强调幼儿在艺术创想活动中的主体地位，幼儿既是参与者，也是评价者。教师要倾听幼儿的"一百种语言"，关注幼儿与环境、材料、同

伴等的互动,识别、解读、理解、支持幼儿的需求,推动幼儿的表现与创造。二是教师要倾听与支持幼儿。倾听、尊重和支持每一个幼儿是教师良好专业素养的体现,能更好地促进幼儿参与艺术创想活动。教师需要认真观察幼儿的行为,仔细倾听其心声,尊重并回应幼儿的想法和问题,善于开发利用自然资源,捕捉教育契机,理解个体间的差异,适时引导和支持,为幼儿提供充分的发展空间,点亮幼儿的创意火花。

(二) 基于儿童,打造艺术创想活动环境

一是巧妙布局室内艺术创想空间。我们妙用门厅、廊道为孩子创设了灵动、好玩和充满艺术的生活化创想空间。大厅与底楼是理念廊,二楼是幼儿创意作品展示廊,三楼是"艺术,好好玩"创想体验互动廊,有色彩魔法师、结构工程师、梦想改造家、空中花园等。二是精心设计户外艺术创想环境。基于场地的局限与优势的挖掘,让幼儿参与环境决策,因地制宜对沙池、竹林、树屋、绿植小品等进行调整与优化,使自然与创意景观散发出有趣的童真之美,使创想活动的环境布局和空间资源与幼儿的活动兴趣和需求有机吻合,创设顺应儿童天性的课程环境。

(三) 基于儿童,丰厚艺术创想活动内容

在艺术创想活动的内容开发与实施中,我们尊重孩子的个性表达,通过园内的一草一木、一花一语、一沙一水、一墙一角……唤起幼儿潜在的艺术灵性,激发幼儿的创想潜质,促进幼儿全面发展,让每一位幼儿感受"艺术好好玩"。在实践研究中,通过沙子变变变、自然物拼搭、光影随"变"、创意涂鸦、梦想改造等多样性活动,以美术语言——线条、形状、色彩、肌理、空间、形体、明暗为序,开展艺术创想活动的原创设计与实践,尊重幼儿的个性表达,满足幼儿的情感需求,积累了大量精彩的活动设计、典型案例、支持策略等研究成果。

秉持"创造想象,想象创新"的宗旨,我们将继续走在"以美激趣、以美启智、以美冶操、以美育人"的创新之路上,让艺术活动更"好玩",让艺术创想活动更"精彩"。

活动创意 1-1　百变沙画

活动背景

　　幼儿园的玩沙游戏,是孩子们最喜欢的活动之一。常用的玩沙工具有铲子、水桶、筛子、模具等。孩子们经常自由结伴,选择工具后在沙池里将沙堆成山坡、火山;有时会在沙池中挖出大大小小的沙坑,将挖好的沙坑连接起来变成隧道;还会借助模具堆出沙堡等。

　　看到这些场景,我想到《指南》中指出:幼儿艺术领域学习的关键在于充分创造条件和机会,在大自然和社会文化生活中萌发幼儿对美的感受和体验,丰富其想象力和创造力,引导幼儿学会用心灵去感受和发现美,用自己的方式去表现和创造美。

　　孩子们对沙子有丰富的感知经验,沙子的特性是变化无常但容易被掌握,有无穷的形态和玩法。一场"沙画"游戏应运而生。在游戏中,我观察到孩子们喜欢在沙坑中作画,但作品不易保存。我思考:是否可以提供一个平台满足幼儿的兴趣? 于是,沙坑里出现了两个画框桌。孩子对于这一新奇的事物非常感兴趣,他们将沙子倒在透明画框桌上,用小手在上面随意地涂抹、刮洒,不经意间,一些线条、抽象的图案跃然眼前。

活动轶事与分析

实录一:儿童访谈——解决空间冲突

　　呈呈和小逸来到画框桌前,抓了一把沙子撒到了透明桌面上,两个人各自用手指在上面勾画各种线条和图案。画着画着,小逸站到了画框桌的中间,而呈呈被挤到了最边上,呈呈嘟着小嘴嘀咕道:"我都没地方画了,小逸,你能过去点吗?"小逸回答道:

"我那里已经画满了呀，不能画了。"两个孩子争论了一会儿，呈呈提议道："那我们一起画吧。""好的。"说完，两个孩子一起画起来——弯弯的彩虹，彩虹上还有白云、小鸟。

新材料往往更容易吸引孩子的游戏兴趣，所以经常出现几个孩子一起在画框桌上开展沙画游戏的情况。在冲突中，我没有在第一时间介入，做孩子们的"和事佬"，而是安静等待，让孩子们尝试自己解决问题。

之后，我和孩子们开展了一次儿童访谈。

教师："大家都想玩沙画，可是桌子只有两张，我们可以怎么玩？"

幼儿1："这个桌子如果可以搬来搬去就好了。"

幼儿2："两个人挤在一起玩不方便，可以多一点板板吗？"

幼儿3："我们可以排队轮流玩。"

……

随着幼儿们对"创意沙画"游戏的兴趣渐浓，我发现透明画框桌在数量上不能满足孩子的需求，且画框桌较大，不能移动。经过与孩子们的讨论，在画框桌基础上，我增添了新材料——形状不一、可移动的彩色透明板。

实录二：材料"碰撞"——探索新表现形式

呈呈来到彩色透明板前，双手捧了很多沙子放到板上，试着用手指画出光芒四射的太阳。可是她发现太阳没有明显露出来，因为沙子太多了。于是，她把板上的沙子全部倒掉。接着，她捧了很少的沙放在板上，勾画出一个爱心，这一次的爱心十分明显。

呈呈的绘画不是很顺畅，她好几次停下来把小石子拣出来。她抬头对我说："老师，沙里有很多小石子。"我提醒道："想想有什么办法可以去掉沙里的小石子？哪些工具可以帮忙？"

一旁的熙熙手里正好拿着一个筛子，她听到我和呈呈的对话后主动跑过来说："我来帮你滤沙吧。"我悄悄地退到一边，只见她们分工合作，一个拿着筛子，一个装沙，细细的沙子慢慢地铺满了整个画板。

接着,熙熙找来一根小树枝,发现画出的线条太细。呈呈对她说:"树枝画不出来,你试试用手指画。"熙熙听后用手指尝试,终于画出了一只小兔子。呈呈又说:"小兔子太孤单了,给它画点食物吧。"说完呈呈在兔子旁边画了两个胡萝卜。最后两个人一起,合作完成了一幅"小兔拔萝卜"的作品。

游戏能激发幼儿的主动学习与探索。呈呈和熙熙在游戏中不断探索,积累经验,她们发现用细沙更容易流畅地绘画,沙子量的多少直接影响画面效果。

我发现,幼儿在与材料不断"碰撞"的过程中,会产生新的经验和体验。为了进一步支持幼儿的游戏,并不露痕迹地丰富幼儿的经验,推动孩子的发展,我只需提供适切的游戏材料。为此我根据孩子进行沙画时的体验,对材料再次进行调整。

一是增添沙画工具。沙画需要细沙,在工具提供上,首先增添了过滤沙子的筛子和塑料桶用于滤沙,这些工具既能锻炼幼儿手部小肌肉群,又能支持幼儿顺利作画。其次,新增了沙瓶,我想看看孩子能否将沙子装入沙瓶,尝试利用沙瓶的小口直接作画,体验不一样的作画方式。再次,提供了清扫工具,引导孩子将洒落的沙子收拾干净,保持画面的完整性,培养收拾整理的能力。

二是开辟沙画区。《指南》艺术领域中指出:(幼儿)喜欢欣赏多种多样的艺术形式和作品。创造条件让幼儿接触多种艺术形式和作品,支持幼儿自发的艺术表现和创造。因此,我们在环境和区域上进行了调整,在沙池外面开辟了一块沙画区,铺设大型油画布,孩子可以自主选择透明板进行创意表现。另外,提供平板电脑,鼓励孩子将自己的沙画作品拍摄下来,用于分享交流和相互欣赏。

实录三:组合添画——转变欣赏角度

这天,小金和小丁来到沙画区,一开始,小金先将半瓶沙子直接倒上了画板,并用两只小手握紧画板的两边,轻轻来回晃动,将沙子尽量晃匀。小金用一根手指大胆地在铺满沙子的画板上勾画,动作娴熟,不一会儿,一朵生动形象的花儿清晰地出现在画板上。

另一边,小丁直接拿着沙瓶开始作画,先是画出了一个椭圆形,紧接着在上方又增加了两个小长方形,并在最上面添画了一根细细长长的线,对小金说:"快看,我画的生日蛋糕。"

小金看了看说:"原来这是蛋糕啊,我怎么看上去像艘船呢? 你过来看看。"说完,小丁走到小金旁边,看了看笑着说:"从这里看过去真像是一艘船"。小金再次拿起沙瓶,在黄色圆形的画板上用沙子点了两个小点点,又在小点点的下方画上了一条弯弯的线,紧接着将大一号的圆形画板推到了下方连接了起来。小金在旁边兜了一圈,又在大一号圆形画板中间点了三个点,一个可爱的小雪人出现了。

小丁也在继续创作中,他在画框中随意倒上了沙子,并用小手抖动画框。一旁的小金突然喊道:"咦,这个怎么像个人呀?""嗯,好像是有点像。""那你快给他画上眼睛、耳朵吧。"小丁看了看画面,伸出手勾画了几笔,鼻子、眼睛、嘴巴,一个侧面的小人真是惟妙惟肖。

小金和小丁在游戏中非常认真和专注,展现出极强的想象力和创造力,他们大胆尝试用不同的方式表现美。他们发现从不同的角度看同一幅画面可以感受到不同的内容;他们尝试了将画板进行组合并添画,形成不一样的效果;他们还在随意出现的沙子造型上进行借形想象……

对于这一创新之举,我给予了充分的肯定和鼓励。

实录四:自然物创作——玩出百变精彩

丁丁、琪琪、涵涵一起来到沙画区。他们并没有直接开始,而是凑在一起讨论。琪琪说:"丁丁,你去把沙子拿过来,我和涵涵去搬画板。"三个孩子分工合作,很快又围在了一起。"今天我们画什么?""最近天气很冷,我们画冬天吧。""冬天光秃秃的,还是画春天,春天有很多漂亮的花。""夏天,夏天可以游泳。"孩子们叽叽喳喳讨论了一会儿后,琪琪和丁丁跑到了草地上,只剩下涵涵在其中一块画板上倒沙子。

过了一分钟左右,琪琪捡了一些小树枝,丁丁手里拿着一些树叶。琪琪对涵涵说:"你画好草地了没? 我找到树枝了,可以用它来做一棵树。"丁丁举着手里的树叶说:"你们看,我捡了些叶子,可以做春天。"这时涵涵不同意地说道:"春天树叶是绿色的,你这个叶子是黄色的,黄色是秋天的树叶。"丁丁看着她们说道:"那就当作秋天吧。"涵涵想了想说:"要不去找找看还有没有绿色的叶子。""现在是冬天,哪里有绿色的叶子啊?""常青树就有绿色的叶子。"三个孩子讨论完,又分头行动。涵涵将画板上的沙子抹均匀,用小手拢了拢,手指画了画,变出了几座小山坡,接着小心翼翼地将手里的树枝轻轻地放在画板上,最后放上了几片黄黄的树叶,一幅秋天的作品完成了。

这时,琪琪捡了一些小石头,丁丁又找了一些树叶和小树枝,这一次三个人分别在画板上创作。一段时间后,我发现三个孩子将刚刚讨论的内容都表现了出来,琪琪用白色的石头和树枝完成了冬天的场景,丁丁用常青树的树叶完成了春天,涵涵用沙子表现了夏日海滩的场景。

完成后,孩子们轻轻地将所有的作品连在了一起,三个孩子你看看我,我看看你,笑了起来。琪琪拿来平板电脑,拍下了他们的作品《四季》。

这几个孩子在创作前有商量,在过程中有合作、有分工。他们对于材料有自己的思考,能结合对四季的认知经验,有目的地选择校园内的自然物和沙子进行组合创作。

随着"创意沙画"游戏的推进,越来越多的孩子都尝试了新玩法——沙子与自然物的结合,使画面更具有美感与立体感。大自然是一个百宝箱,大树下的小石子、草坪上的落叶、树枝、花瓣等,都能成为孩子的游戏材料。他们就地取材,生发出更多"创意沙画"游戏的素材与创意,孩子们天马行空的创想得到进一步满足。

活动价值与思考

(一) 活动价值

"创意沙画"游戏能促进幼儿更好地自主学习、合作探索,提高交往、合作、创想与表现能力等。同时,也促使教师必须更好地观察、引导、支持儿童开展"创意沙画"游戏,对幼儿综合素养的提升起到积极的推动作用,具体体现在以下几个方面:

第一,沙子的多变特性能让幼儿充分想象,尽情发挥,给予幼儿更大的创作空间,丰富多变的画面使幼儿的自信心增强,促使幼儿的构思更为大胆、自由,画面呈现更具灵动、美感。

第二,"创意沙画"游戏能够丰富幼儿的表现手段,从而开拓幼儿的想象空间,体验艺术表现所带来的极大乐趣。

第三,"创意沙画"游戏需要左右手的配合,对幼儿未完全发育的大脑协调性有很好的促进作用,不仅有效促进了幼儿大脑的发育,又锻炼幼儿左右手的协调配合能力。

第四,在户外"创意沙画"游戏中,幼儿处于相对宽松的环境中,可以自由结对,通过两两合作、小组合作等学习方式,这有利于拓展幼儿的知识视野和思维空间,共同设计游戏情节、共同创作,共同发展,同时也为幼儿提供了充分的言语交流、动手实践的机会。

第五,在游戏作品完成后,幼儿能够互相欣赏,学会发现作品之美,学会评价自己和他人,从而加深幼儿的成功体验,促进幼儿自我潜能的发掘。

第六,通过反复持久的"创意沙画"游戏,幼儿感受到不同艺术各不相同的表现手法和魅力,提升了沙画作品的感染力。

综上所述,"创意沙画"游戏不仅能够促进幼儿感知觉、手部肌肉动作、创造想象能力的发展,还能让幼儿在情绪上得到满足,与其他游戏活动相比,它更富有自主性、创造性与美的表现力。

(二) 我的思考

"创意沙画"游戏不仅符合自主、自发、自愿的原则,还能让孩子有更多机会亲近大自然。我观察孩子的游戏表现,及时调整材料与工具,为幼儿的"创意沙画"提供了有力的支持。同时根据孩子的作品呈现,及时进行交流分享,营造孩子之间相互学习、共同成长的良好氛围。经过一个学期对幼儿的观察和发现,我有了以下几点感悟:

1. 给予幼儿思考空间

当孩子出现问题时,教师不能急于回应或介入,应该给予幼儿一定的思考空间,这样才有助于促进孩子的独立思考,主动去寻求解决问题的方法。当孩子遇到解决不了的问题时,教师可以适当用一些语言去提示和引导。

2. 引导幼儿探索新材料

游戏过程中，孩子通过自主尝试了解各种材料的特性。所以在材料提供上，要尽可能丰富多样，让幼儿获得更多的探索机会，从而发现更适合的材料，满足创想表现的需求。

3. 提供充分欣赏的途径

活动前可以通过视频欣赏等途径，让幼儿了解沙画创作的方法，欣赏各种风格的沙画作品，进一步感知沙画的美，激发创作兴趣。

每一项游戏必须基于幼儿的兴趣需要和生活经验，抓住问题、储备经验、推进游戏，从而提升游戏水平。在"创意沙画"游戏中，教师如何成为支持者、观察者和引导者，是我始终思考的问题。

教师作为一名支持者，要学会理解幼儿、读懂幼儿，鼓励幼儿积极地表达表现，乐于尝试探究；在幼儿创作表现的过程中，教师要给予幼儿适当的鼓励和帮助，鼓励幼儿大胆表达自我、展现自我，给予幼儿解决问题的信心和决心。

教师作为一名观察者，要善于观察幼儿的言语和行为，要从幼儿与环境的相互作用中，敏锐地捕捉到有价值的信息，并通过调整和优化，将幼儿的兴趣、好奇引向尝试、探索。

教师作为一名引导者，要主动、积极地为幼儿提供有效的引导和帮助，学会在观察中引导，分析幼儿的言行，关注幼儿的经验积累，助推幼儿的快乐成长。

纵观"百变沙画"游戏的历程，我深深体会到：必须精心呵护幼儿的好奇心，抓住每个教育契机，着力营造欢乐、自主的游戏环境，激发幼儿自主探索、大胆游戏的欲望，让幼儿在不断游戏的过程中获得成功体验。教师要和幼儿站在一起，参与他们的游戏，支持他们的想法，共同萌发新的思路和新的生长点，使游戏越来越精彩。

（上海市嘉定区昌吉路幼儿园　乔萍）

活动创意 1‐2　小章鱼的诞生

大自然是儿童精神世界不可或缺的部分,幼儿对生活中的自然事物有着极强的好奇心与探索欲。大自然也是最生动的美术场地,幼儿园户外的自然环境是幼儿亲近自然、探索自然奥秘的最好场所,也是开展美术活动的最佳场域。

我们幼儿园的树屋下有石头、木片、树叶等各种自然物,幼儿可以在开阔的场域中自主选择自然物,进行有趣的创意拼搭,然后演绎为一幅幅各具风格的创意作品。

户外创意活动开始了。宁宁、艺艺和诺诺被一个带网的轮胎所吸引,他们站在轮胎旁边,讨论着带网的轮胎可以拼搭成哪些内容的作品。艺艺说:"可以利用轮胎搭个小女孩。"诺诺说:"这里有个网格,不太适合。"宁宁提议拼搭章鱼,可以用白色圆形相框来替代轮胎,得到了艺艺和诺诺的赞同。

他们三人走到材料架旁,艺艺用手抬起了上面的相框,宁宁用手抵住下方的黄色相框,诺诺手拿白色相框往外拉,三人合力拿出了白色圆框。宁宁将白色圆框放到草地上,接着,三人各自去寻找拼搭章鱼腿的石头。他们将石头一块接着一块连接起来,放在圆框下面。拼搭好三条章鱼腿后,诺诺找来两颗小果子,想当作章鱼的眼睛。宁宁觉得果子太小了,可以用略大的两颗石头作为章鱼的眼睛。她将石头放在了圆框里,和小果子对比了一下。旁边两位小朋友看到了表示赞同。三人继续拼搭起了章鱼的腿。艺艺找来了一颗小石头,想用它做章鱼的嘴巴。宁宁又找来些石头,将石头连了起来,并且摆得弯弯的,又拿起刚才的两颗小果子做了章鱼的腮红。接着,三人又一起数了一遍章鱼的腿,说道:"一共七条,这里还能放一条腿。"于是,大家一起拼上了章鱼的第八条腿,小章鱼的拼搭作品终于完成了(见图 1‐1)。

图 1-1　幼儿拼搭章鱼

我的思考

　　第一，共同协商，促进合作交往。在整个创意活动过程中，三名幼儿面对"拼搭什么?""怎么拿相框?""章鱼的嘴巴、眼睛如何搭?"等关于作品创作的问题时，始终通过积极商量和讨论，表达各自的想法。在得到同伴认同后，再继续推进他们的创想活动。这让我看到：中班孩子已经懂得交流，尝试着交往，并愿意与同伴分享自己的想法，从而共同去实现心中期盼的目标。

　　第二，共同游戏，提升创想能力。除了幼儿之间的协商交往，幼儿的创意行为也在活动中展现无遗。他们不仅学会借物想象——利用轮胎搭小花、相框做章鱼头，同时，还会根据自己想要表达的物体选择适宜的材料，如：大石头用于拼搭章鱼腿，中石头作为章鱼眼睛，而小石头则用来表现章鱼嘴巴。就连之前弃用的小果子，孩子们还能在最后把它用作章鱼的腮红，正是这点腮红让作品增添了无限情趣，从而在持续实践探究过程中提升了创想能力。

我的支持

第一，耐心观察，给予幼儿发展空间。在整个创想活动中，我给予幼儿更多的实践空间，始终在一旁静心地观察着幼儿从商议作品到完成作品的思维碰撞和动手创作，没有干扰幼儿的创作过程。正是我的耐心退后与细心观察，收获了令人惊叹的"哇"时刻。

第二，适时追踪，了解幼儿当下需求。活动过程中，幼儿向我呈现了几乎完美的表现。那么作为教师应当做些什么呢？我在活动后，让幼儿分享交流自己的作品，满足其表现欲、展示欲；同时，利用空余时间，与幼儿组织相关主题的儿童会议，了解幼儿内在需求，如作品如何保留；提出关键问题推动幼儿思维发展，如怎样丰富画面内容，并及时给予帮助，为幼儿提供闪耀的活动舞台。

第三，教师支持，助推幼儿创意表现。幼儿在活动中使用了圆形的相框进行章鱼的创意拼搭。当我观察到幼儿的创意想法时，及时给予肯定，并鼓励幼儿自主寻找材料。当幼儿在材料上出现争议时，我首先倾听每个幼儿的想法，再鼓励幼儿比对现有的材料，从而选择最适宜的材料，让幼儿在一次次的商量讨论、实践操作中圆满完成创意拼搭，展现出一幅幅独具个性的艺术作品。

我的感悟

一是有效运用自然材料，让幼儿感受自然美。教师要充分挖掘可利用的自然材料，把自然材料融入户外创想实践活动中，让幼儿发现自然之美，感受自然之魅力，提高幼儿欣赏美和创造美的能力，使自然材料的价值功能最大化。

二是鼓励幼儿调动多重感官体验自然美。教师要带领幼儿到户外亲近自然，鼓励幼儿通过观察、倾听、触摸等多种感官方式融入自然，发现自然，积累自然素材。教师要改变传统教学思路，创新引导模式，精心创设美术创作情境，提高幼儿对不同自然环境、自然材料的认知程度,激发挖掘美、探索美、成就美的欲望。

三是从幼儿视角发掘幼儿的审美兴趣和能力。从儿童视角重新审视户外艺术创想活动,不难发现,幼儿对自然事物具备与成人不同的审美理解和审美认知。幼儿单方面的亲自然行为很难有效促成户外艺术创想活动的深入开展,还需要教师的支持与推动。在户外活动中,教师更需要从幼儿的视角充分挖掘幼儿有价值的兴趣点,提高幼儿参与户外艺术创想活动的欲望。自然材料对美术创意活动开展具有明显的助推作用,教师应当遵循趣味性、启发性原则,采用丰富有趣的活动形式,引导幼儿主动参与,自主探索,培养幼儿的观察力、创新力。

四是支持和指导幼儿主动发现自然环境美。幼儿园户外可触的自然环境,能带给幼儿与室内完全不同的创意体验。教师可以增加幼儿与户外自然环境的接触频率,支持幼儿走出园门,融入广阔的户外自然环境中。通过户外艺术创想活动的深入推进,让幼儿与自然生命、自然现象等进行充分接触、互动,增强对自然美的认知和感受,激发审美情趣,提升审美能力。

（上海市嘉定区昌吉路幼儿园　朱丽薇）

活动创意 1-3　大树生气了

　　《指南》指出：幼儿艺术领域学习的关键在于充分创造条件和机会，在大自然中萌发幼儿对美的感受和体验。[①]　一次午后散步，三名孩子在小树林旁议论纷纷："这棵树很高，比我还要高！""这棵树好矮，我都能碰到树顶！""这棵树不高不低，我可以摸到树叶！"他们的对话，引发了其他幼儿对大树的关注。

亲历自然，发现"大树生气了"

　　基于幼儿的兴趣，幼儿开启了欣赏校园里大树的活动，他们带着自己的儿童笔记本、记号笔以及放大镜去实地观察、认识大树。

　　幼儿通过手、眼、耳以及用身体去触摸、拥抱、聆听大树，感受和欣赏大树的自然美，并分享各自的惊奇发现："你听，大树有声音！""香樟树的树叶有红有绿，好美！"就在这时，小澈大声呼唤，原来他发现大树上独特的纹路就像人生气时脸上的表情，并将这一发现告诉了同伴。然而，尽管小澈手舞足蹈地试图描述自己看到的大树的"生气脸"，但小伙伴们仍然没有感觉到。

　　亲历体验能让幼儿发现大树的美与奇特。一幼儿从树木独特的纹路中判断出"大树生气了"，并想要与同伴分享这一发现，但未能成功。作为教师，我应该如何引导他们进一步探索，并给予适当的支持呢？

儿童会议，自创"生气的表情"

　　《幼儿园保育教育质量评估指南》（以下简称《评估指南》）中指出：要支持幼儿参

[①]　中华人民共和国教育部.3—6岁儿童学习与发展指南[M].北京：首都师范大学出版社，2012：57.

与一日生活中与自己有关的决策。^①儿童会议是幼儿民主参与决策的一种常见形式，能够让我们听见幼儿内心的声音。

基于问题的思考，幼儿自主召开了儿童会议，小澈邀请了全班朋友去观看大树的"生气脸"。有的幼儿说看到了，有的幼儿说没有，双方争执不下。我适时抛出了问题："发现'生气脸'的小朋友，怎样让大家都看到大树生气的表情？"幼儿提出了各种方法：用画笔画下来、用笔圈出来、用手点出来等。投票后，他们决定使用超轻黏土、纸张、原木片等材料粘在大树上，将大树的"生气脸"展现出来。顺应幼儿的兴趣，我和他们共同准备了各种材料。

第二天，小澈拿着红色粘土和几颗正方形的原木块来到大树前，经过一番揉搓和粘贴后，"生气的大树"诞生了（见图1-2）。小澈激动地叫来玥玥："玥玥，快看，大树在生气呀！"玥玥说："咦！真的！大树生气了！"小澈一边模仿生气的表情，一边指着原木块说："原木块代表它的牙齿，大树气得牙齿都露出来了！"两人的对话引来了其他幼儿，他们纷纷开始在校园里寻找大树的各种表情："大树在大笑！""大树在打哈欠！""大树在唱歌！"幼儿运用泥塑的方式，充分发挥自己的想象力，表现了自己发现的大树神态。

图1-2 生气的大树

看到孩子们完成作品后满足的神情，我感叹幼儿对于自然现象独特的感知力，每个孩子眼中的大树表情都是独一无二的，这背后又蕴含着他们怎样的情绪与情感呢？我又该如何支持他们，推动他们进一步地大胆创作呢？

---

① 幸福新童年编写组.《幼儿园保育教育质量评估指南》解读[M].北京：开明出版社，2022：9.

师幼互动，共探"大树怎么生气了"

《评估指南》指出：要尊重并回应幼儿的想法与问题，通过开放性提问、推测、讨论等方式，支持和拓展每一个幼儿的学习，同时也要在活动中支持幼儿探究、试错、重复等行为，与幼儿一起分享游戏经验。[①] 从中可以看出，教师在孩子的活动中，扮演的角色不仅是支持者、引导者，更是同行者，要与孩子共同思考、共同探究。

我好奇地问小澈："你觉得大树为什么会生气呢？"他回答道："最近总是下雨，大树的树干上湿漉漉的，所以，它就生气了。""噢，那我们能做些什么吗？"我进一步问道。他沉思片刻："嗯，让我想想。"没过多久，小澈取了两盒棕色的粘土和一些树叶后，再次来到"生气的大树"旁。他从大树表情的下方开始，将树叶一片一片地粘在大树身上。到了自由分享的时刻，小澈拉着我和玥玥来到"生气的大树"前，开心地说："我给大树穿上了叶子雨衣，这样它就不会生气了！"玥玥提出疑问："如果雨下得很大，叶子雨衣会不会掉下来？"小澈想了想说："如果大树有一把大雨伞就好了，我们去找找吧！"

大家在教室里找到了一把透明的大雨伞。玥玥主动在伞上画上了晴天娃娃，她希望大树在雨天也有一个好心情。小澈则和我一起讨论怎么把雨伞固定在大树上。最后，我们找维修师傅借来了梯子，小澈爬上梯子，用扭扭棒将雨伞固定在大树的树杈上，为大树遮风挡雨！

我的反思

第一，教师要重视孩子亲历自然的机会。亲历体验能够激发孩子们的创意，使"生气的大树"的创作水到渠成。在一日生活中，要让孩子积极地去发现和捕捉美的契机，尽可能让孩子与真实物体零距离、多感官地接触，引导孩子主动发现美、感受美，进而

---

① 幸福新童年编写组.《幼儿园保育教育质量评估指南》解读[M].北京：开明出版社，2022：10.

培养他们的想象力和创造力,为他们的创意表现奠定良好的基础。

第二,教师要给予孩子自主决策的空间。在宽松和自由的环境中,让孩子们对创作中所需的材料、表现的方式等进行自主思考和决策。无论是天马行空的构思,还是自主尝试创作,都应当得到教师的尊重和引导。

第三,教师要关注孩子发自内心的创作情感。孩子对事物的感知不同于成人,教师要以共同探究者的角色引导幼儿深入思考并表达自己的情感。这不仅能让幼儿在创作的过程中建立自信,学会独立思考和自我表达,还能激发孩子们对大树等自然物的关爱之情,形成良好的行为品质。

（上海市嘉定区昌吉路幼儿园　王玲）

活动创意 1-4 作品"留"还是"不留"

一次户外艺术创想活动中,天天和廷廷在树屋下面的草地上用自然物拼搭了游乐场作品。在交流分享结束后,两个孩子对于是否要拆掉作品产生了一番争论。天天不想拆掉和廷廷一起搭建的作品,想要留到放学时给爸爸妈妈看。廷廷认为要马上拆掉作品,因为作品留在这里会影响中班小朋友稍后的运动,就算拆掉了以后还能再搭。

倾听想法,剖析需求

我在孩子的讨论中,剖析孩子真正的需求。从天天的话中,我看到了他与父母之间的亲子关系,他愿意把自己的精彩分享给他人,他渴望得到他人的认可。通过两个孩子的作品,我看到了他们的自信,看到了他们在户外艺术创想活动自然拼搭中的建构能力、创新能力……由此引发了我的思考:其实像天天这样有强烈保留自己作品意愿的孩子不在少数。但是在平时的户外艺术创想活动结束后,教师和孩子都养成了及时拆掉作品、收拾整理材料的习惯,往往忽视了这一个个"天天"的想法。

于是,我在班级中组织了儿童会议,围绕孩子们提出的"既不影响弟弟妹妹的户外运动,又不想拆掉自己拼搭的作品"这个问题展开讨论。一部分孩子想到拼搭的作品有许多自然物如树枝、石头等,可能会绊倒其他孩子。经过讨论,孩子们根据看画展的经验,提出了用一些透明的框将地上的拼搭作品罩起来的方法。

儿童会议后,孩子们开始在校园里搜寻。在孩子们一起努力寻找下,找到了许多透明展示框,有方的,有圆的。这些框既可以把作品保护起来,同时又是平平的,也能让别人看见作品。

一次户外艺术创想活动中,悦悦和琪琪合作用石头和小树枝组合拼搭了太阳花,她们拿了一个长方形的透明框,把她们的作品小心翼翼地罩了起来。妮妮和多多也用圆形的透明框将自己的作品罩了起来。一旁的昊然看着自己用轮胎、圆木片、干花等组合而成的"火锅"作品，犯了难："我的火锅这么高、这么大，罩不起来怎么办呢？"分享交流时昊然将自己的问题抛给了同伴们："当作品又大又高，透明玻璃框根本罩不起来的时候，该怎么办呢？"引发了同伴们的互动讨论。从同伴互动和平时幼儿作品的实际情况来看，这样的情况绝不是少数。

结合问题，厘清思路

根据幼儿户外艺术创想活动中遇到的问题，我有了以下几点思考：

第一，场地的使用问题。教师在组织户外活动的时候，场地的安全是首要考虑因素。户外艺术创想活动中，孩子自然拼搭的作品往往都是一些自然物，如树枝、石头等的组合。这些作品往往是不规则、较大型的，这样的作品不利于后续运动，会给孩子造成安全隐患。因为，幼儿园内的户外场地大多都是分时段共用的，一块场地既是户外艺术创想的场地，又是运动和游戏的场地。所以，权衡了实际情况中的安全因素和课程实施要求后，我明确了幼儿作品是无法原地保留的。

第二，大型立体作品无法保留。幼儿作品不一定呈现在平地上，有的在起伏的山坡上，有的在树屋的阶梯上；其次幼儿的作品不都是平面的，有的是利用树桩、轮胎，叠加了树枝撑起来，就变得高高的，并且大小也有很大的差异。而透明框的高度以及大小显然无法满足保留所有作品的要求。另外，考虑到天气因素，比如下大雨，这些透明框罩住的作品也无法长久保存。

追随儿童，优化策略

第一，儿童会议。儿童会议为幼儿提供了一个平台，让他们能够围绕如何在不影响他人的情况下保留户外艺术创想作品等问题进行讨论，充分尊重幼儿的意见建议，并参与决策。当发现透明框不能保留所有作品后，通过儿童会议上的智慧碰撞，孩子们不断拓展新方法，提出了画下来、用教室里的平板电脑拍下来等多种方法。整个过程不仅增强了幼儿的参与感，还培养了幼儿思考和解决问题的能力。

第二，儿童笔记。《评估指南》提到，儿童通过绘画的方式进行表达表征，记录自己经历过的游戏，也有助于教师一对一倾听并真实记录幼儿的想法和体验。基于幼儿的需求，我们将儿童笔记本放到了户外。搭建好作品后，幼儿可以根据自己的需求拿取，在儿童笔记上用自己的方式描绘、记录。

第三，实时录音。幼儿的能力发展存在着差异，喜好也有不同。有一部分孩子觉得自己不会画，不想通过绘画的方式记录；也有的孩子觉得自己的绘画无法完全重现自己搭建作品的精彩。针对这部分孩子，录音就是一个很好的辅助工具。幼儿可以用口述的方式表达、表征自己搭建的作品，可以将自己的情绪、想法都用录音笔录下来，还能将作品介绍播放给同伴、家长、教师听，起到分享的效果。

第四，照片视频。拍照记录的方法是幼儿平时在各项活动中经常用到的，他们能将已有经验迁移过来，换一种方式保留户外艺术创想活动中的作品。幼儿还提出将作品照片打印出来进行布置展示，给同伴们欣赏。这既增进了同伴间的交流和评价，也美化了幼儿的学习和生活环境。基于幼儿的需求，我们还将教室内的平板电脑、手持摄像机投放到户外艺术创想活动中，让幼儿在需要的时候，自己拿取，自主拍摄，呈现美好的活动瞬间。

通过日复一日的观察，孩子们保留作品的方法还在不断"升级"。他们摸索着怎么将自己的作品平移到一些不会影响到同伴活动的地方。我追随着孩子们的想法和行动，及时给予策略的支持和帮助。

实践证明，孩子对于户外艺术创想活动中作品保留这件事，有着自己最真实、最朴实的想法和情感需求。而教师在整个过程中应当始终是观察者、支持者，观察幼儿的活动，倾听幼儿的想法，全力满足幼儿保留作品的需求。只有发现幼儿，读懂幼儿，才能最终成就幼儿。

（上海市嘉定区昌吉路幼儿园　杨佳懿）

第二章

完整性：艺术创想活动的目标指向

　　课程目标的确定是核心。户外艺术创想活动能够使幼儿的身心得到充分放松，对其发展具有积极的推进作用。具体表现在：幼儿创造性的思维和想法自然流露，对自然美的体验丰富且敏锐，思维方式独特且灵动，表达美的形式丰富多样，创意作品富有童趣和灵性。同时，通过艺术与科学、社会等领域的有机融合，形成一个跨领域的能量场，实现幼儿身心的主动、整体、差异发展。

　　课程目标的确定是教育的核心所在。有学者指出：确定课程目标包括四个基本环节，即确定教育目的、确定课程目标的基本来源和基本取向、课程目标的确立。其核心在于如何结合教育价值观、社会需求、学习者需要、学科发展等因素，制定适宜的课程目标，提高课程的有效性。[①] 这为我们开展幼儿艺术创想活动带来深刻启示。

　　我们主要从以下四个方面思考课程目标的取向：一是反映早期教育的整体价值取向，考虑活动是否与早期教育的总体目标和价值观相一致，有利于促进幼儿创造力、想象力和表达能力的发展。二是关注幼儿的发展需要，活动应基于 3—6 岁幼儿的身心发展规律、兴趣和需求等，确保活动目标能够促进幼儿的个性成长。三是反映社会需求，在国家科教兴国的战略背景下，清楚认识到儿童自主创新精神和创造力培养的深远意义，活动应该帮助幼儿链接当下社会发展的需要。四是重视融合发展，遵循幼儿整体性发展的需求，注重户外艺术创想与运动、科学等领域的有机融合，从而推进幼儿的全面发展。

　　那么，课程的具体目标是什么？

　　第一，幼儿对美的体验敏锐且丰富。首先，幼儿对周围环境的敏感度持续提高，对大自然中常见的各类花草树木的名称、显著特征以及季节变化有一定的认知。例如，春天的桃花、樱花、梨花、迎春花，夏天的荷花、金银花、栀子花，秋天的菊花，以及冬天的梅花等，这些既是幼儿的欣赏对象，也是幼儿的创作素材。在这种环境下，幼儿对自然美的情感体验更加丰富，对自然界美好事物的探究意识更强烈，探究行为更主动，幼儿的感知力也得到明显提升。幼儿能够运用各种感官去体验自然，开始注意到自然界中更多美好事物的特征，如动植物的气味、水声、风向、鸟鸣、虫鸣等，并喜欢收集和欣赏大自然中的美。

　　第二，幼儿逐渐养成自身的艺术审美偏好。幼儿在亲近自然和欣赏艺术作品的过程中，能够从大自然的美景中汲取灵感，逐渐学会识别各种艺术美的形式，例如色彩、线条、形状等元素，并逐渐形成自身的审美偏好。同时，让幼儿通过欣赏到表达、感知到创作的实践体验过程，进一步提升艺术审美能力、欣赏能力。

---

　　① 张华. 论课程目标的确定[J]. 外国教育资料，2000(01)：13-19.

第三，幼儿的思维方式独特且灵动。在自主创作的过程中，幼儿的思维能力能够得到激发与历练。在户外的环境中，幼儿的思维不受限于常规的材料或方法，而能自由发挥，能够尝试用新颖的材料或独特创新的方法进行灵活创作，充分发挥自身的创造性思维，表现的内容例如故事情节、角色设定等体现出独特的创意和想象力。

第四，幼儿的创意作品富有童趣和灵性。幼儿呈现出的创意作品更具童趣、灵性和美感。他们能够尝试运用不同的形式表现出自身的想象，如树叶拼搭、沙画等，作品蕴含想象和创新。面对层次感强、想象丰富的幼儿创意作品，教师经常会不由自主地蹲下来倾听、询问，在听到幼儿的解释后，经常会有"原来如此"的想法，着实赞叹幼儿的创意与想象力。

第五，幼儿的合作与交流更加出彩。首先，幼儿能够走出以自我为中心的狭隘心理。幼儿在小组合作中，与他人互动交流，共同进行创作并合作解决问题。幼儿能够主动倾听同伴的想法，肯定同伴的亮点，增强自身的合作精神、团队意识和互助能力，实现共同进步。其次，幼儿更加自主自信、乐群合作。在交往合作的过程中，幼儿既能悦纳自己的状态，又能理解和欣赏同伴的作品，并提出改进建议，使幼儿变得更加自信、乐观和合群。

第六，幼儿的整体性发展。通过艺术与科学、社会等领域的有机融合，形成一个跨领域的能量场，并体现领域之间的相互渗透和整合，促进幼儿身心全面协调发展。绘画和科学的结合，帮助幼儿了解和探索植物的生长过程；户外自然物拼搭与运动的结合，促进幼儿身体协调性、精细运动技能等方面的发展。例如，幼儿自主在校园内寻找和收集各种自然物作为创作原材料时，他们尝试努力跳过障碍物、爬过隧道、走过梅花桩等，在潜移默化中促进幼儿的大肌肉发展和身体协调性，愉悦幼儿的身心。

总之，户外艺术创想活动能够使幼儿的身心得到充分放松，对其素养发展具有积极的推进作用。在活动中，幼儿创造性的思维和想法自然流露，对自然美的体验丰富且敏锐，思维方式独特且灵动，表达美的形式丰富多样，创意作品富有童趣和灵性，实现幼儿的主动、整体、差异发展。

活动创意 2-1 玩转光影

在一次自由活动中，孩子们在教室里利用阳光玩手影游戏，光影所带来的神奇影像让大家既新奇又兴奋。基于孩子们的游戏行为与兴趣，一场顺应幼儿发展需求的"户外光影艺术"游戏活动应运而生。从室内到户外，从黑白到多彩，从单一到整合，在四个发展阶段中，孩子们感受了探索的乐趣，迸发了奇思异想，体验了科学、艺术、自然等多个领域的无限魅力，享受了成长的喜悦。

活动实录

启：照进教室的光影游戏

早晨自由活动时，一缕阳光从窗户外照进教室，落在皓皓的椅子前。皓皓发现后便伸手去抓。他伸出两只小手，左右交叉在一起，两个大拇指扣住，两只手不停扇动，说："小鸟来咯！"说完把交叉着的两只手松开，手心对手心，手指弯曲，上下一张一合动起来，又说："啊呜啊呜，大鳄鱼来啦！"旁边东东听见了，也过来模仿皓皓的动作，但是地上却没有出现影子，他奇怪地问："诶？我的怎么没有啊？"皓皓说："你要到我这个位置来，你那里阳光照不到，就不会出现影子。"东东听了皓皓的话，调整了位置，地上也出现了影子（见图 2-1）。早

图 2-1 其他孩子加入皓皓的游戏

饭后，皓皓来到椅子边惊奇地说："天呐，阳光移动啦，你们看，现在一半照到我们的小椅子上了!"于是孩子们在椅子边玩了起来。

下午，孩子们发现，原来照在小椅子上的阳光没有了。皓皓走到我身边说："老师，我想去外面有阳光的地方玩影子游戏。"我欣然应允。

我的发现和支持

从皓皓的个体经验到孩子们的模仿加入，孩子始终沉浸在这个自发的光影游戏中，由此孩子进一步探索的欲望愈发强烈。

教师基于幼儿的兴趣，顺应幼儿的需求，将手影游戏活动延伸至户外。

承：走向户外的光影游戏

点心环节后，我带领孩子们来到户外。皓皓、东东和同伴们在阳光下又玩起了影子游戏。皓皓转动着身体，举起手，在地上找影子。等形成清晰影子的时候，他便停止转动，小手开始做起了动作。皓皓打开双臂，上下摆动，对东东说："你看我像不像一只正在飞的鸟?"东东手握拳、抬起手臂说："我也会，看，我还能变成大力士呢。"孩子们在阳光下不断变化着身体动作，先是用手，慢慢地加入了头、腿等身体各个部位的动作，孩子们变出的影子造型越来越多。

以皓皓为首的几个孩子提出："老师，我们能把变出的影子记录下来吗？让其他班的朋友也能看见。""你们想怎么记录呢?""可以画下来，这样，我们回教室了，影子还是能留在这里，其他朋友们就能看见啦。""那你想怎么画呢?"皓皓摸了摸头，然后低下头看了看自己的影子说："可以用记号笔呀。"旁边的奕奕听见了说："不行的，记号笔画在地上会坏掉的。""是的，我在家试过的，记号笔和水彩笔在地上画过，很快笔就坏了。"旁边的东东也说。"那怎么办呀？还有什么可以代替画笔吗?"这时皓皓看见了不远处地上的粉笔画，他马上跑过去："你们看，我们可以用这个画呀。""我知道，这个叫粉笔，我们班就有，我看到杨老师在小黑板上写过，我去拿来。"奕奕兴奋地说，说完飞快往班级跑去。

奕奕找来了粉笔。有的孩子右手拿着粉笔在地上勾勒出自己左手的动作,有的孩子做了一个特别的动作后保持不动,请同伴帮忙把自己的影子画下来。后来他们又在影子轮廓里用各种图案和线条进行装饰。

我的发现和支持

孩子的共同游戏丰富了影子游戏的玩法,他们根据自己的生活经验和同伴间的智慧碰撞,对影子游戏有了新的认识,并通过讨论等方式解决发生的问题。

教师站位退后,对于幼儿提出的问题,给予幼儿足够的空间和方法支持,通过提问引发幼儿的思考与讨论,启发幼儿解决在地上画影子需要哪些材料等问题。

转:多彩变幻的光影游戏

在一次儿童会议中,孩子们七嘴八舌提出了许多问题。问题主要集中在两个方面:"有彩色的影子吗?""所有的影子都是黑色的吗?"我将孩子们的问题,发在家长群里,发动家长与孩子一起通过搜索资料、动手体验等,寻找答案,并来园分享。

第二天,瑞瑞带来了一张红色玻璃纸,皓皓带来了彩色的玻璃弹珠,有的孩子带来了雪碧瓶子,有的孩子带来了透明彩色塑料宝石,还有的孩子带来了彩色的纸……中午,孩子们拿上材料,开始了他们的探索行动。瑞瑞拿着他的红色玻璃纸,对着太阳放在眼前看了一下:"哇,世界都变成红色的了。"他又拿在手里摆动,在地上出现了一个红色的影子,他惊喜道:"哇,你们看,它的影子是红色的。"他对一旁的奕好说:"你快看,这个红色玻璃纸的影子也是红色的,你快帮我画下来。"奕好一边回答一边去拿粉笔:"好,你拿好,别动哦。"瑞瑞提醒:"记得要拿红色的粉笔画哦。"于是,奕好选了红色的粉笔,在地上把瑞瑞手里拿的红色玻璃纸的影子勾勒了出来,并且涂上了颜色。这时,旁边的皓皓也在叫:"你们看,我的弹珠也是有颜色的。""我的雪碧瓶影子是绿色的!""我的宝石影子是彩色的。"孩子们的欢呼声此起彼伏。而几个拿着彩色手工纸的孩子则在一旁没有声音,我走过去问他们:"你们的影子是什么颜色的啊?"依依低着头说:"还是黑色的。""那你们觉得这是为什么呢?"这时,旁边的瑞瑞说:"我知道,因为纸不是透明的,我昨天跟爸爸一起在网上查了,不透明的物品的影子都是黑色的。"听完他的话,我把所有孩子呼唤了过来,让孩子一起观察这些材料。大家发现:原来真的是瑞瑞说的那样。

我的发现和支持

孩子在活动中进行了深度的思考,产生了大量的问题,并能根据自己的生活经验,与教师、家长、同伴积极讨论和互动。

作为教师,我倾听幼儿的种种想法,分析值得幼儿关注的驱动性问题,并组织儿童会议,重视家园合作,尊重幼儿生活经验,收集适切的材料,为幼儿提供足够的探索空间和游戏材料,使个体经验辐射至整体,共同收获成功的喜悦。

合:与课程融合的光影游戏

一次户外建构游戏中,萱萱突然对我说:"杨老师,我发现一个秘密哦。""是什么秘密呀?"只见她拿起一块中间彩色透明的积木说:"你看,这是透明的,它的影子也是彩色的哦。""你想不想把你的发现告诉朋友呢?"她一脸开心地说:"嗯嗯。"于是,她拿着积木去找了她的朋友们。过了一会,孩子们又来跟我说:"杨老师,我们需要粉笔、水彩笔和纸。"基于幼儿的需求,我立马提供了相应的材料。

琪琪先用这些彩色透明积木块在纸上搭建出一定造型,然后用记号笔将轮廓勾勒出来,再用与积木颜色相同的水彩笔进行涂色。完成作品后,琪琪将这些积木块送回篮筐,又继续在纸上进行添画,最终,琪琪的作品跃然而出,并给这幅作品命名为"天空之城"。

我的发现和支持

将光影游戏融入建构游戏中,使孩子的探索兴趣得以激发,建构技能得以提高,他们的光影游戏作品更加出彩、更具趣味。

教师基于幼儿的发现和需求,聚焦各领域教育功能的渗透融合,提供相应的多元化材料支持。

我的思考

第一,转变观念,凸显儿童视角。首先,直面幼儿的关键问题。爱提问是幼儿的天性,但教师常常会忽视幼儿的提问,甚至剥夺幼儿提问的机会。在这个活动中,我将提问的机会全盘给予幼儿:"我们能把变出的影子记录下来吗?""用什么记录影子呢?""所有影子都是黑色的吗?""怎么能让影子变成彩色呢?"……教师直面幼儿的问题,为游戏的持续推进、逐步深入提供了多种可能。其次,强调幼儿的主体地位。教师顺应幼儿的需求,将活动的脉络从室内延伸到户外,从记录到探索,到展示,始终让幼儿处于主导地位。促使幼儿在探索过程中循序渐进,自主寻找材料,自主生成玩法,自主解决问题。

第二,适时助推,促进幼儿发展。首先,在光影活动的开展过程中,我组织幼儿开展儿童会议,鼓励幼儿大胆表达自己的问题或想法,收集幼儿的真实信息,为进一步支持幼儿的光影多元探秘活动提供依据。其次,重视家园协作。当幼儿对于"影子变色"这个话题产生兴趣后,我倡导家长通过亲子互动的方式来寻找答案,并在班级里进行分享与讨论,充分发挥家园共育的作用。同时,关注领域功能的融合,以幼儿的积极体验为聚焦点,将科学、艺术等教育元素进行有机融合,释放幼儿的天性,激发幼儿的潜能,呈现了绚丽多彩的光影世界。

(上海市嘉定区昌吉路幼儿园　杨佳懿)

活动创意 2-2　自然拼搭里的"跳房子"

在户外自然拼搭活动中,幼儿经常会自发生成独特的创意内容和情节,呈现出的作品经常会出乎意料,让人眼前一亮,感叹幼儿丰富的想象力和创造力。

树枝变身格子路

有一次,慧慧在户外拼搭时突发奇想,将四根树枝组合在一起变成了一个正方形。晓晓看着正方形说:"这个好像我们教室里玩的跳房子啊!我们多做几个吧!"两个人开始了计划:要用树枝一个接一个地组合,变成一条长长的跳房子路;要做不一样的格子形状并加以装饰。两个孩子一边做,一边调整。一开始格子之间离得很远,他们将距离调近,又拿来松果放在最后一个格子的顶端,表示终点。完成后,晓晓说:"这个只能一个人玩,能不能多一点玩法?"慧慧想了想说:"那可以搭两条呀,两个人还能比赛呢!"两个人又开始了精心改造,将原本一列的格子路,变成了两条并列的格子路。

全班孩子共玩"跳房子"

交流分享开始了。两个孩子邀请了全班同学来玩"跳房子"。晓晓和慧慧作为设计者和裁判介绍道:"我们今天的拼搭可是很不一样的,做了两条长长的跳房子路,大家可以在这里尽情玩一玩。而且,我们又给终点做了装饰,大家到达终点的时候肯定会特别开心。两条道路还可以比赛,获胜奖品是小花手环哦!"听完介绍,孩子们都想试一试,经过商议,他们分成两队进行比赛(见图 2-2)。

图 2 - 2　孩子们在玩跳房子游戏

"跳房子"游戏再升级

随着"跳房子"游戏的推进,孩子们还提出了不同的改进意见。例如,可以再多几条不一样的跳房子路;可以将幼儿在户外自制的扇子、帽子等作为游戏的奖品;可以邀请其他班级的小朋友一起玩一玩这个有趣的创意活动等。

我的思考和感悟

第一,尊重幼儿的游戏行为。幼儿是有想法、有能力的学习体,他们的创意是无限的,每天都会有新的惊喜。多变的自然物为幼儿的创意和创造提供了天然的素材,他们把树枝玩出了新意。

第二,幼儿是活动的主人。在"跳房子"游戏中,幼儿的驱动力完全来源于自身的兴趣,他们乐于自主计划,付诸行动,调整提升,不断丰富游戏内容。他们感受到自身的力量和同伴的肯定,获得积极的参与感和成功的体验感。

第三,教师角色的再思考。在跳房子游戏中,我的"隐身"让幼儿的创意表达更加出彩,游戏行为更加丰富。"无为而无不为",遵循幼儿的发展规律和兴趣,不过度干预幼儿自然的发展,给予幼儿自由探索的空间,教师避免高控和主宰,能够让幼儿玩得更开心,玩出童趣,玩出创新。

(上海市嘉定区昌吉路幼儿园　丁一)

活动创意 2 - 3 "植物染"二三事

在一次户外艺术创想节爱心义卖集市活动中,孩子们感受到传统"蓝晒"艺术的魅力,并将在幼儿园收集到的美丽花叶印刻在衣服等布制品上,完成了充满创意和艺术感的作品。孩子们的作品全部被买家买走,义卖所得全部捐赠给 2 000 多公里外云南楚雄大姚县的孩子,互助的爱意已在孩子们的心中生根发芽。当孩子们得知传统手工艺"植物染"是来自云南时,大家叽叽喳喳地热烈讨论起来,纷纷提问:云南小朋友是否会操作植物染? 我们能否尝试? 难度如何? 需要怎样的工具? 由此引发出"植物染"之二三事。

好看的花纹怎么来的

在一次观看植物染制作视频后,幼儿对植物染产生了好奇,他们也想用扎辫子的方法,用橡皮筋绑住布,于是他们开始尝试寻找材料。看似容易,做起来却很难,橡皮筋太紧绑不上去。皓轩多次尝试,即使双手并用也都失败了,最终他放弃橡皮筋,找来了绳子代替。但是他又发现绳子太长绕不紧,还总是乱掉。他问同伴是否可以完成,妍妍主动帮忙,一边说着自己会扎头发,一边拿出橡皮筋熟练地扎起手里的布。皓轩认真看着,只见妍妍扎满一块布,用了足足 15 根橡皮筋。皓轩赞叹妍妍厉害,妍妍鼓励他多练就能学会,自己就是一直在家练习扎辫子才熟练的。受到鼓舞的皓轩开始新的尝试,初次尝试的他动作缓慢,却始终未放弃,不断变换手的动作和方向,努力把橡皮筋套上去。

我的感悟

我倾听幼儿的想法,针对出现的问题,与他们互动讨论,共同寻找解决方法。我在操作区呈现幼儿绑橡皮筋的视频，并提供方法支持：为满足幼儿的探究需求，新增了毛根扭扭棒、长尾夹、木夹、尼龙扎带等各种可以捆、扎的工具材料，给幼儿提供多种尝试的机会。新的材料和新的方法给幼儿带来新的挑战。植物染独特的手工扎结、染色形成痕迹美，自然过渡的色晕美，其朴实无华、天然成趣的美，感染着幼儿幼小的心灵。在折、压、揉、缝、剪、拆等制作过程中，幼儿不但锻炼了手部的力量，还提高了动手、动脑能力，在反复尝试、不断探索的过程中获得了更多的经验和能力。

颜色为什么不一样

若萱第一次做植物染，她把染布在染料中浸泡了一会儿就捞了起来，布的颜色很淡。于是她产生了疑问：为什么自己的布一洗，颜色就掉光了？惠阳猜测是水的颜色太少，茹茹否定了这个说法，表示水已经是深蓝色了。若萱又问：为什么自己做出来的和别人的不一样？茹茹解释说：她的布浸泡时间太短，自己的布是第二天才拿出来的。若萱惊讶地感叹居然要泡这么久，下定决心再做一块。惠阳觉得这个淡蓝色也好看，若萱表示赞同，还提议下次做一个渐变色。

我的感悟

在幼儿一系列的操作过程中，我看到他们基本能够了解染色的颜色深浅与浸泡时间长短的关系，对于固色的方法也有了进一步的把握。由此，在确保安全的前提下，我可以适当放手，让幼儿自己去完成植物染的相应环节，相信幼儿能够成为勇于实践探索的学习者。

染料用完怎么办

由于幼儿不断地玩植物染，染料很快用完了。染料没了，该怎么办？妍妍想到白族是用植物提取颜色的,提议大家也可以试试。茹茹表示"神奇小路"里的各种叶子、小花的颜色很漂亮,大家可以去那里找。户外采集后,孩子们把收集的树叶铺在布上,可如何把树叶的颜色变到布上则成了难题。轩轩觉得这些颜色都在叶子里面,得把它们挤出来,妍妍提议用锤子,玉婷则说锤子太危险。于是,轩轩和大家分头行动,寻找可以把叶子的颜色留在布上的工具。他们找来剪刀、胶水和笔,准备用这些代替锤子。妍妍觉得水彩笔拿起来方便,尾部和锤子挺像,这个想法得到了大家的认可,于是开始了初次尝试。大家发现用笔直接敲叶子,叶子容易烂,那有没有能保护叶子的东西呢?轩轩想到将透明板垫在叶子上面。可是这样继续敲打后,大家发现有的叶子颜色深,有的叶子怎么敲颜色都出不来。玉婷说轩轩力气小,轩轩说自己已经很用力了,玉婷帮忙敲也没敲出颜色来,最后他们认为可能是因为叶子里水分少,因此颜色不能出现。

我的感悟

孩子们知道果蔬等植物中含有各种色素,色素渗透到布纤维中就可以染色,这激发了孩子们对颜色的探究兴趣与思考。由此,大家在亲身体验、操作的过程中,力求留住果蔬等植物的颜色。

葡萄皮可以做染料吗?

吃点心的时间到了,幼儿发现今天的水果是葡萄。壮壮和旁边的同伴边吃边不停地交流着,我好奇地凑过来,想知道他们在说什么。壮壮兴奋地告诉我,他上次在一本植物染的书上看到葡萄皮能染色,想试试。我微笑着点点头。他们发现收集的葡萄皮很黏,就去水池清洗后倒入石臼,不停地捣起来。不一会儿,汁水变紫了,壮壮激动地说:"再多捣会儿,颜色会更深。"两人轮流捣了许久,壮壮提议把布放进汁液里,泡到第二天再拿出来。第二天,孩子们急匆匆地来看成果了,他们很满意自己的布,还想多泡几天让颜色更深。然而几天后,壮壮发现布发霉了。小铭说水果放久会发霉,布也就跟着发霉了。虽然最后的结果有些不尽如人意,但特别的经历让壮壮、泽心和小铭都收获了宝贵的经验,对后续的染色操作充满了信心。

我的感悟

一是顺应幼儿兴趣,助推幼儿发展。基于幼儿提出的"什么是植物染?""植物染是怎么做的?""什么东西可以用来植物染?"等各类问题,我尊重幼儿的好奇心,提供必要的条件支撑。幼儿在实际操作中积

图2-3　幼儿在思考葡萄皮染色的可能性

累了相应的学习经验,植物染这样的艺术表现方式,激发了幼儿的学习兴趣。活动兴趣被满足后,可以进一步引发幼儿继续探究的愿望,这便是一种良性循环,幼儿便可以呈现"兴趣引发探究,探究助推发展"的学习状态。

活动始终围绕幼儿发现的问题层层展开,步步深入。教师的有效支持是实施生成课程必不可少的条件。整个活动确保幼儿的主体性,让幼儿在不断探索中推动课程学习的延伸,在提出问题和解决问题的过程中获得了更多有益的经验。

二是关注从创意表现到科学探究的融合性发展。《3—6岁儿童学习与发展指南》指出:艺术是幼儿表达自己对周围世界的认识和情绪态度的重要方式。艺术教育是幼儿健康快乐成长的必要养分,体验式的艺术教育,带给幼儿的将是美好的童年印记和无限创造力的启发。通过此次系列化的植物染活动,幼儿的动手能力和审美能力都得到提高,语言表达能力、合作能力、创造力也得到提升。

三是让幼儿感受艺术源自生活的真谛。植物染是民族文化工艺的一颗明珠,孩子

们尽情参与活动,感受了植物染的魅力。丰富多样的活动带给幼儿无限的快乐,让他们感受到自然的朴素美,激发对美的探索,让这古老的艺术元素扎根于幼儿的心中。

(上海市嘉定区昌吉路幼儿园　潘晨辰)

活动创意 2-4　水之痕

　　喜欢玩水是孩子的天性,每次雨后,幼儿都热衷于踩水塘的游戏。看着水花四溅的样子,他们就特别开心。一天下午,雨过天晴,我和孩子来到户外进行艺术创想活动……

活动实录一

　　场地上,还有零星的水塘。嘉嘉拿着一根小树枝,在有积水的地方划拉着,树枝划到了旁边干燥的地方,留下一条水痕。于是她又用树枝将水划拉了一下,这次痕迹更明显了。嘉嘉开心地跑去找她的好朋友,对她说:"嘉怡,我可以用水来画画。"说完,她牵着嘉怡来到水塘边。"你看,就是这样,把水弄出来就可以了,"嘉嘉说完用树枝又划了一下,"你也去找一根树枝,我们一起画吧。"嘉怡点点头,也找了一根树枝,两人一起围着水塘用树枝蘸水划拉出许多线条。一会儿,一只"小刺猬"就变了出来。嘉怡用树枝在水里蘸了蘸,在旁边空空的地方画了起来,可是水痕不明显,她叹了口气说:"唉,画不出来了。"我问道:"你们知道为什么画不出来吗?"嘉嘉说:"因为水塘里的水快干了。"我继续追问:"那有什么办法吗?""我们可以去找水多一点的地方呀,重新去找个小水塘就可以了。"嘉嘉说完后,两个好朋友就去找水塘了。

　　很快,嘉怡和嘉嘉找到路面低洼处的另一个水塘,继续用蘸一蘸、划一划的方法进行绘画。不一会儿,她们停了下来,我蹲下问她们:"怎么不画啦?"嘉怡说:"树枝每次沾了水都只能画一点点,太麻烦了。""用树枝没办法画长长的线,这是为什么呢?"她们两个想了想,嘉怡指着树枝说:"因为树枝不能吸很多水。"我追问:"那什么材料可以吸很多水呢?"嘉嘉兴奋地说:"毛笔,可以用毛笔,我用毛笔画过水墨画。""那你们去试一试吧。"很快,两人取好毛笔回到了户外。她们用毛笔蘸了蘸水,在地上画了起来。"不行不行,你看毛笔的毛都掉下来了,这样毛笔会坏掉的。"刚画了没几下,嘉嘉就叫了起来:"陆老师,不能用毛笔,毛笔会坏掉的。"原来由于路面比较粗糙,毛笔上的毛都掉了下来。我问道:"那怎么办?还能用什么工具蘸水画画呢?"两人互相看了一眼,歪着头一时不知道怎么办了。我提了个建议:"或许其他朋友有好办法。"过了一会儿,她们带着萱萱跑了过来:"陆老师,萱萱说可以用海绵。""是的,可以用海绵画画,因为海绵可以吸很多水。"萱萱说。于是她们又回到教室寻找作画工具。一会儿,她们拿来了一筐海绵图章。三个孩子用图章蘸了水,用力一摁一压,水就流了出来,萱萱想用海绵图章画线条,但没成功。"这个只能拓印,你看我拓印了一条毛毛虫。"嘉怡说。在生生互动中,三个幼儿用拓印与添画的方式变出了小花、气球、糖葫芦……他们开心地呼唤同伴一起欣赏用水画的作品。

我的思考

其一,凸显了幼儿创意想象和探究操作的能力。嘉嘉在使用树枝划拉积水的过程中,发现水在干燥的地面上留下了痕迹,并且将自己的发现分享给了好朋友嘉怡。两人一起用树枝变出了小动物,说明这两个孩子非常有想象力,还善于发现问题并尝试解决。比如在用水作画的过程中,她们发现了材料的不适宜,进行了多次调整:首先是发现树枝因不能吸水,在地上画不出长长的线条。接着,尝试了用毛笔作画,又发现毛笔在粗糙的路面上容易损坏。最后在同伴的建议下,她们用海绵印章拓印,并在创作过程中发现了印章的局限性。幼儿在用水作画的过程中充满了奇思妙想,不断探索工具材料的适宜性,也感受着用水作画的无拘无束与快乐。

其二,体现了教师尊重、理解和有效支持幼儿创作的能力。在幼儿生成的用水作画活动中,教师首先是一名艺术创想活动中的欣赏者,没有过多干预幼儿的创作过程,而是在幼儿身边观察倾听,用录像与照片记录幼儿的一言一行,持续关注着幼儿在创作中的表现。其次,教师也是一名艺术创想活动中的支持者,在用水作画的过程中,幼儿多次遇到了困难,教师通过问题导入,引发生生互动,让幼儿主动积极思考,引导幼儿自己尝试解决作画工具材料的问题。

活动实录二

一天,谷子带来一张图片向我介绍:"我在市民广场上看到一位老爷爷在地上写字,他有一支很大很大的毛笔,只要蘸蘸水就可以用了,我们可以买一支这样的毛笔吗?""它有个名字,叫地书笔,你们可以和朋友们一起讨论下。"我回应道。于是,谷子、嘉嘉等几个朋友围坐在圆桌旁,针对"地书笔可以用来画画吗?"展开了讨论。萱萱提出疑惑:"我觉得可能不行,因为我试过了,毛笔会坏掉的。"谷子边指图片边说:"我看过了,这个笔头上的材料不是毛,是海绵,应该不会坏的。"萱萱点了点头:"哦,那应该可以的,我用印章的时候发现海绵可以吸很多水,还不会坏。"嘉嘉提出问题:"可是不下雨的时候地上也没有那么多水呀。"谷子回复:"我看到老爷爷是自己带了一个水桶的,我们也可以用水桶装水,就能画了。"嘉怡说:"可是没有大毛笔。""是地书笔,可以上网买。"几名幼儿异口同声地对嘉怡说。

我请谷子向大家分享儿童会议的内容,乐乐听了以后说:"我家里的拖把也是海绵的,跟这个笔是有点像的。"辰辰说:"那我家的扫帚也跟这个有点像。"我提议:"那我们一起把这些材料都带来试试吧。"

第二天,幼儿带来了海绵拖把、扫帚、喷壶等,网购的地书笔也到了,他们迫不及待地来到户外石板路上,用拖把、扫帚、地书笔蘸水画了起来。谷子开心地对朋友说:"这个笔真的可以在地上画画哦,你看。"只见她在地上画自画像,并让我帮她拍摄下来。乐乐说:"我的拖把也可以划出水印来,我要画一个月球,在月球上和好朋友一起玩车。"辰辰说:"快看,我的扫帚也可以画,这是大鲸鱼。"孩子们快乐的声音在户外此起彼伏地响了起来……

我的思考

只要给幼儿机会,就能发现他们的力量。谷子能迁移生活中的发现,并乐于分享,由此引发了小组会议。他们能围绕问题展开讨论,最后达成一致。整个过程中孩子们都是自主的、积极的。其他同伴在了解了他们的方法后,也能迁移经验,联想到家庭里的海绵拖把、扫把也许也能蘸水作画,说明孩子们是善于思考和学习的。对于地书笔、海绵拖把、扫把等材料能否用于户外蘸水作画,我给予了幼儿充分探索的空间,让幼儿自己获得用水作画的经验。

大自然中的雨水不经意间成为了幼儿的创作源泉。整个活动,幼儿是自主自发的。他们以水为墨,以地为纸,在一次次发现、互动、创作的过程中,感受了"水之痕"的魅力,充分展现了无限的创意。

(上海市嘉定区昌吉路幼儿园　陆敏洁)

第三章

开放性：艺术创想活动的资源巧用

　　艺术创想活动的资源可以从园内资源、家庭资源、社区资源三个维度入手，逐步构建"家—园—社区"一体化资源生态圈。园内资源关注工具与材料的多元化和生活化，让艺术融于生活，生活充满艺术；家庭资源关注家长观念的更新，达成共识，形成合力；社区资源关注自然资源随季节而变，人文资源随主题而定。多样化的资源丰富艺术创想活动的内容，促进幼儿审美意识及能力的提升。

在开展艺术创想活动的实践研究过程中,我园以多样化的教育资源丰富艺术创想活动的内容,逐步构建了"家—园—社区"一体化资源生态圈,增强幼儿的审美意识及能力,培养幼儿发现美、表现美、创造美的能力,提升其综合素养。为了给幼儿的自主学习与创造性表现提供更多的空间和机会,我们从园内资源、家庭资源、社区资源三个维度入手,不断提升艺术创想课程资源的开发与利用的品质。

一、如何挖掘园内资源

第一,注重艺术材料多元化。作为一所美术特色幼儿园,我们为幼儿提供了丰富多样的绘画工具与材料,以满足幼儿室内外不同类型艺术创想活动的需要。比如,在"艺术好好玩"创意长廊里,提供了保丽龙球、白色帆布袋等,让幼儿能肆意地进行水拓创意;在户外艺术创想活动中,提供粉笔、彩色积木、恐龙玩具等,满足幼儿对光影的探索与表达。在活动中,我们尽力满足幼儿多种选择的需要,如丙烯颜料创作活动时,既可以用传统的油画笔,也可以用刮刀,体验不同工具所达成的艺术效果;泥塑活动时,既有色彩丰富、便于塑型的超轻黏土,又有不同软硬程度的陶土,让幼儿在创作中体会不同材料的不同触感。

第二,注重创想材料生活化。我们鼓励幼儿共同收集生活材料,激发幼儿对艺术创想活动的兴趣,提升幼儿大胆想象的创作能力。在幼儿园大厅和户外艺术创想区,分别创设了百宝箱和材料墙,鼓励幼儿共同收集各种材料,如贝壳、果壳、石头、树叶、枯树枝、冷饮棒、废旧的牙刷、衣物、鞋子等。这些材料来自生活,回馈于创作,当孩子看到自己收集的材料变成美丽的画作时,自信心油然而生,同时也增强了环保意识。我们倡导幼儿将平时家中长辈用剩的绒线、草地上的枯枝叶、过生日剩下的纸盘等整理好后带到幼儿园,大胆开展创作活动,让艺术融入幼儿生活,让幼儿生活充满艺术。

二、如何调动家长资源

第一，更新观念，达成共识。家庭是幼儿成长的第一生态环境，家长是影响幼儿成长发展的关键人物。家长作为幼儿园教育的重要合作者，我们倡导家长不断更新教育观念，理解并认同幼儿园的艺术创想特色活动。首先，通过家长会、专题讲座、班级钉钉群、微信公众号等方式，传递艺术教育对幼儿发展的重要意义，帮助家长逐步建立美育意识。其次，通过家长开放日等活动，让家长亲临幼儿艺术创作现场，直观感受幼儿园开展艺术创想活动的方式及内容，了解教师开展艺术创想活动的指导策略等，充分感受幼儿在艺术创想活动中的成长与收获。

第二，积极配合，主动参与。家长的支持与配合能让幼儿的体验感受与表现表达更出彩。因此，定期开展"创想艺术节"活动，让家长也成为活动的积极参与者。比如"环保服装秀"活动，组织家长和幼儿利用不同的材料和方法制作环保服装，展现无限创意。每一个假期来临之前，我们都会制定一个主题，鼓励家长在假期中带领幼儿搜寻身边美的事物，并通过相机将美好的情景记录下来，形成"美就在我身边""我眼中的美""美，在路上"等绚丽多彩的系列摄影作品。双休日，鼓励家长带着孩子走进公园和小区，利用各种自然物进行创意表现，增进亲子情感，提高幼儿的艺术表现能力。

第三，发挥特长，展现风采。基于家长的特长，建立家长资源库，重点挖掘在艺术方面有特长的家长，成立"创意助教团"。组织家长定期参与幼儿园的艺术环境创设和各类艺术创想特色活动，如邀请会剪纸的家长参与亲子迎新游园活动，指导幼儿剪窗花、剪小动物等，充分发挥家长的艺术才能，助推幼儿园艺术特色活动纵深发展。

三、如何扩展社区资源

第一，自然资源，随季节而变。每学期根据不同的季节，带幼儿走出校门开展"寻美"之旅，在大自然中尽情感受美景。春天，欣赏市民广场各种色彩的花卉和造型迥异的树木；夏天，观赏汽车博览公园内满池的荷花；秋天，感受百年银杏古树那一片片金黄色的落叶；冬天，体味腊梅园内姿态各异的傲梅。除了视觉欣赏，还引导幼儿把大自然中的各种落叶、花瓣、果实等带回教室，为丰富艺术创想活动积累自然材料。

第二，人文资源，随主题而定。除了积极挖掘自然资源功能，我们还充分利用安亭地区的人文资源，丰富幼儿的主题经验，为主题背景下的艺术创想活动做铺垫。比如，大班开展"我们的城市"主题，教师既带幼儿到安亭老街欣赏亭台楼阁、雕梁画栋的古建筑之美，又到安亭新镇欣赏德国风情的彩色建筑群，让幼儿在欣赏和比较中感受新老建筑的不同，并尝试用画笔记录下自己的发现。中班开展"我在马路边"主题时，教师带领幼儿到汽车博物馆，了解不同年代、各种造型的车辆，萌发做"小小汽车设计师"的愿望。

基于新时代教育改革发展的新要求，我们的艺术创想特色活动将园所资源、家庭资源和社区资源三者有机整合，合力构建起教育共同体与文化生态圈，推动幼儿园美术教育的可持续发展，让幼儿在美的环境和教育中充分体验生活中的真善美，促进幼儿的健康快乐成长。

活动创意 3-1 中国船

中国著名教育家陈鹤琴先生提出:"大自然、大社会是活教材,我们可向它领教,向它探索。"幼儿园的户外艺术创想活动无疑为幼儿打开了向大自然领教与探索的大门,让幼儿在大自然的广阔空间中主动学习、尽情表现,展现与众不同的成长足迹。

镜头一

自然物拼搭活动中,宁宁发现了一根弯曲的丝瓜筋。他把这根丝瓜筋竖着放,并把其余的丝瓜筋放在两旁将其固定。然后,他兴高采烈地向同伴介绍:"这是我搭的船,有船帆,还有船的身体,很厉害吧!"话没说完,宁宁快速跑开,在不远处又找了一片较长的枯树叶插到弯曲的丝瓜筋上。萌萌好奇地问:"这是什么?"宁宁自豪地说:"这是我们中国的船,船上有五星红旗。"(见图 3-1)

图 3-1　了不起的中国船

在自然物拼搭活动中,很多孩子都用过丝瓜筋。但宁宁并没有完全模仿,而是有着自己独特的想法。可见他在创作过程中有自主思考,能仔细观察材料的不同特征。他利用丝瓜筋弯曲的特点制作了与众不同的"中国船",显示了丰富的想象力和生活经验,同时也展露了热爱祖国的美好情感。

镜头二

宁宁拿着一根树枝不断翻转着仔细观察,还用手指在树枝的两端触摸,接着他找来一片树叶,尝试将树枝较细的一端穿过树叶。然后,他又找来几块小石头,拿起穿有树叶的树枝缓慢转动。我好奇地问:"宁宁,你做的是什么? 好特别哦。"宁宁微笑着说:"我在烤肉串。""原来这是美味的肉串呀,还有其他品种吗?"宁宁听到后,马上又去找来了一根类似的树枝以及花瓣、松果等材料,用穿插的方式变出了一串串与众不同的烤肉串。

宁宁在前期的创作过程中没有使用过树枝,今天他在众多材料中特地选择了树枝,可见他对新材料的浓浓兴趣。宁宁勇于探索,细致观察,利用树枝一头粗一头细的特征进行富有新意的创作,得到了同伴们的一致赞赏。

镜头三

宁宁把小石头放在画框中间,旁边围了一些贝壳。他思索了一会儿,跑到材料架附近找来了四根长短接近的树枝。只见他把其中一根树枝插在画框左上角的泥土里,接着在画框的另外三个角也插上了树枝。他兴奋地说:"我搭了一个帐篷。"晓懿满脸质疑地说:"帐篷没有上面的布,会漏雨的。"宁宁赞同小伙伴的建议,马上又找来一张大小适宜的卡纸盖在四根树枝上,立体的小帐篷就此诞生。

由此可见,宁宁在艺术拼搭活动中的创新制作不再局限于材料的平面、单一组合,而是能够在更大的空间上尝试突破和创新,力求让作品立体起来。

户外艺术创想活动给幼儿提供了广阔的想象空间和无尽的创意可能。宁宁是一个个例,但他的成长和进步诠释了户外艺术创想活动的价值与意义,带给我们更多的思考。

首先,要关注幼儿自主创作的过程。一是鼓励幼儿自主探索与发现。幼儿在户外艺术创想活动中通过摆弄、观察、尝试等多种方式,与自然环境中的材料进行互动,从而发现各种材料的不同特性和潜在用途。教师要鼓励幼儿自主探索的行为,为幼儿提供丰富、多元的材料和开放的空间,让幼儿在自由探索的过程中发展想象力和创造力。二是鼓励幼儿大胆创意表达与交流。让幼儿在创作过程中不仅关注自己的作品,还乐于与他人分享,教师应成为积极的倾听者和引导者,通过提问、反馈等方式,促进幼儿之间的互动。同伴间的交流与互动不仅能够激发幼儿更多的创意灵感,还能培养幼儿的合作意识和社交能力。三是引导幼儿重视问题解决与自我反思。在艺术创作的过程中,幼儿会遇到各种问题和挑战,如材料短缺、构思困难等。教师应引导幼儿主动发现问题、分析问题,并尝试通过集体讨论和实践等方式去解决问题。同时,鼓励幼儿对自己的作品进行自我反思和评价,为后续的自主创作提供经验积累。

其次,要关注幼儿综合素养的提升。一是培养幼儿的想象力和创造力。幼儿利用自然物拼搭进行艺术创作,有利于想象力和创造力得到充分的发掘。教师应关注每个幼儿的创作过程,善于发现他们的独特之处,并给予及时的肯定和鼓励。二是增强幼儿的环保意识。在自然物拼搭活动中,有些幼儿会有采摘树叶、花朵等行为,借此契机,教师应引导幼儿爱护花草树木,争做"护绿小卫士"。同时,引导幼儿利用多种途径收集户外艺术创想活动所需要的生活材料和自然材料,增强幼儿的环保意识。三是激发爱国情怀和民族自豪感。通过宁宁的作品"了不起的中国船",我们看到幼儿怀有浓浓的爱国情怀。因此,教师应以活动为载体,引导幼儿关心国家大事,了解民族文化,激发爱国情怀,增强民族自豪感。四是促进幼儿个性发展。每个幼儿都是独一无二的个体,他们在艺术创作的过程中展现出不同的风格和特点。教师应尊重每个幼儿的个性差异,鼓励他们根据自己的兴趣和特长进行大胆创作。同时,通过展示和分享作品,让幼儿享受成功的快乐。

期待每一位幼儿都能尽情享受自然之美,并用自己特有的方式表达对大自然的热爱与敬畏,加深对艺术魅力的感悟与理解。

（上海市嘉定区昌吉路幼儿园　王晓君）

活动创意 3-2　大自然中的"线"身说法

要培养幼儿拥有一双发现艺术美的眼睛,就先要让幼儿了解艺术的基本元素,如线条、色彩、空间等。即使是世界上最伟大的画家,也要从线条画起。在艺术创想活动开展的过程中,我们借助康定斯基的名画,有意识地引导幼儿感知艺术的基本元素,让他们走进艺术世界。

在一次户外散步中,一名幼儿指着花坛中的叶子说:"叶子的这里是直直的线。"其他幼儿纷纷簇拥过来观察,可见幼儿寻找线条的行为从平面的作品中延伸到了大自然中。顺应幼儿乐于发现、探索的欲望,我们尝试以"寻找自然物的线条"开启小小艺术之旅。

初遇自然之美

基于幼儿的兴趣点,我和孩子们来到校园内,一起探寻大自然里的线条。熠熠捡起地上的广玉兰叶子,开心地说:"这片树叶的中间有一条长长的直线。"过了一会儿,他又拿着这片叶子来到桂花树下,和树上的叶片进行对比,发现桂花树叶上的叶脉也是直直的线条(见图3-2)。舟舟捡到了一片樟树叶,他兴奋地说:"这片叶子上有许多歪歪扭扭的线,好特别啊。"孩子们边寻找边观察植物上的线条,并七嘴八舌地谈论着自己的新发现。

图 3-2　寻找大自然中的线条

我的思考

活动内容符合中班幼儿好玩、好动的特点。他们天生喜爱户外活动,在活动中专注且投入。幼儿能够利用自然环境和自然材料进行观察和比对。部分幼儿还能观察自然物的细微之处,得出不一样的结论,如舟舟能发现叶片上的花纹等。

支持策略

在户外艺术创想活动开展的过程中,教师要扮演好几种身份。首先,做一名旁观者。幼儿在寻找自然界中的线条时,总能带给我们出乎意料的惊喜。作为教师,应以旁观者的身份,观察幼儿的游戏行为,给予幼儿充分的活动空间,不去干扰他们的探索行为。其次,做一名倾听者。活动过程中,幼儿往往乐于和教师或同伴分享自己的新发现,教师则需要耐心倾听他们的发现和表达。最后,做一名记录者。由于中班幼儿语言表达还不太规范,他们常用自己的语言来命名线条,如歪歪扭扭的线等。那么教师在倾听幼儿表述后,可帮助幼儿梳理,适度进行语言归纳,加深幼儿对线条特征的认识和理解。

再觅自然之美

有一天,原原带来了一片银杏叶,上面的曲线再次引发了幼儿的兴趣。看到此景,我不禁思考:相对于园内的自然环境,园外有着更丰富的自然资源,为何不和幼儿走出校园,到更广阔的场域里去感受、探寻自然呢?

于是,我们在班级钉钉群内发布了"寻找大自然的线条"任务,鼓励家长带幼儿走近自然,探秘线条。骏骏、皮皮和诺诺三人一同带着任务卡来到小区花园。骏骏在草丛边捡起一根树枝,贴在了任务卡用于粘贴直线自然物的空格内,然后又找到了一片黄色叶片，他摸着叶片的边缘说："这个是曲线。"很快他们找到了不同植物上的"直线"和"曲线"。三个孩子乐此不疲，在花园里兜兜转转，但是一直都没有找到波浪线。忽然，皮皮指着地上的幸运草，用小手在叶子边缘比划着，表示自己找到了波浪线。但诺诺不同意了，表示单片叶子边缘只是曲线，不是波浪线。皮皮解释道："几片叶子连起来就像波浪线了。"

我的思考

幼儿在寻找大自然的线条活动中获得了多方面的能力提升。第一，任务意识初显。对于中班幼儿来说，其任务意识和理解能力还有待提升，常常听不懂指令，记不住要求。任务卡的投放初步培养了幼儿的任务意识。三名幼儿都能根据任务要求，积极探索找寻相应的答案。第二，同伴互动有效。三名小伙伴主动交流，相互启发，分享自己的发现和困惑，尝试解决问题。第三，发现结果多样。这一"任务"通过亲子互动的方式开展，每个家庭附近的自然环境和自然资源各不相同，幼儿探索和发现的内容远比幼儿园内的更加丰富，幼儿认识的植物品种更加多样，对线条的认知也不断深入。

支持策略

我看到幼儿活动兴趣不减，通过多种方式不断深化活动进程。首先，采取线上互动的方式，让幼儿体验、分享成果。根据家长们上传的资料，我们利用钉钉视频会议的形式，鼓励幼儿介绍自己的作品和发现，满足幼儿的分享欲，体验成功的快乐。教师在幼儿的作品照片和视频中，直观地了解每一位幼儿对于线条的认知程度，他们在把具象的自然物转化成抽象的线条的过程中，对于直线、曲线、折线最为敏感，而对于波浪线的了解还不多。其次，我们借由问题引导，拓展幼儿的观察角度。在视频互动中，我们发现幼儿对于幸运草的波浪线存在争议，这是幼儿的观察角度不同导致的。因此，通过"一片树叶有哪些线条""大自然中还有哪些线条"等不同的话题，引导幼儿不再局限于树叶这单一物体,鼓励他们放眼大自然,去寻找更多的线条。

留住自然之美

若愚小朋友因为身体原因,没有参与前期的分享活动。这一天他特意带来了自己的作品,向大家介绍自己找到的自然物线条。突然皮皮站起来说:"花枯萎了,看不到上面的曲线了。"其他朋友也表示赞同,提出自己家里的植物也枯萎了,看不见植物里面的线条了。我随即抓住孩子的讨论话题,问道:"那你们有没有什么好方法把植物里的线条留下来?"轩轩说:"可以用胶带封住植物。"小懿说:"树叶可以做成书签或用来拼画。"彤彤举手说:"妈妈让我玩了拓印,把树叶放在布上,用锤子敲敲敲,布上就能留下树叶线条了。"经过讨论,孩子们对植物拓印产生了兴趣。钉钉群再次热闹起来,家长们也纷纷互动和参与,和孩子们一起学习拓印方法,上传孩子们的拓印作品。

我的思考

幼儿能从同伴作品中发现"自然物枯萎"看不到线条的现象,体现了他们细致的观察能力。当老师提出问题后,他们又积极互动,将自己的已有经验与同伴分享,显示了交流互动的有效性。最后共同商议出的方法又持续优化了活动进程,使幼儿在仔细观察、剖析植物线条的过程中,增强认知,提升素养,获得发展。

支持策略

首先,总结经验,梳理方法。基于幼儿观察到的植物变化,引导幼儿尝试开展拓印活动,让树叶发挥更大的作用,提高植物拓印的成功率。同时倡导家长有意识地引导幼儿观察树叶内部线条,弥补之前活动对一片树叶上有多种线条这一知识点的忽视。其次,传递环保理念。指导幼儿在活动开展过程中尽可能选用落叶,增强幼儿的环保意识,培养幼儿良好的行为习惯。

在户外艺术创想活动中,幼儿从园内走向园外,在一次次的探索互动中,充分体验和感受大自然的美妙。我由此也收获了以下感悟:

第一,以自然为载体,激发幼儿活动兴趣。亲近大自然是幼儿通过感官认识世界最好的方式。活动中,我目睹了幼儿为寻找"线条"积极奔跑的小小身影,我听到了幼儿对于自然"线条"的生动描述,我感受到了幼儿亲近自然的无限快乐。大自然的无限奥秘,等待着他们去探索、去发现。

第二,以问题为导向,鼓励幼儿积极探索。艺术创想活动中,幼儿不断主动发现问题。作为老师,我需要认真审视问题背后的价值,鼓励幼儿主动探索。有时候问题是兴趣,如"枯萎的花朵看不出是什么线条",需要引导幼儿进一步探索;有时候问题是经验,如"有什么好方法",需要调动幼儿的已有经验;有时候问题是思路,抓住幼儿对植物拓印的好奇,延伸活动内容,扩大活动效应。

第三,以分享为手段,强调幼儿活动主体。班级圈的展示、班级群内的对话、幼儿活动视频等内容丰富多元,教师需从中分析幼儿对线条的认知程度,确立幼儿的活动主体地位,从而采取相应的指导措施去深化活动的内涵。如在交流任务卡的时候,幼儿专注于叶子的边缘,而忽视叶脉等细节之处的线条,于是通过"一片树叶中有几种线条"的互动式对话,拓宽幼儿观察事物的思维角度,提高幼儿的认知程度。

第四,以活动为纽带,凝聚家园联动合力。本次活动中,家长的积极参与和支持,使活动不局限于园内,而是充分利用了园外资源,让幼儿有更多探秘自然的机会。通过活动探究,家长的亲自然教育意识得以增强,对幼儿参与户外艺术创想活动也有了新的认识和理解。

大自然中蕴藏了很多值得孩子们去学习、探索的空间与机会,教师要充分利用每一次活动实践机会,鼓励幼儿感知自然之美。当自然美融入幼儿的日常学习生活,幼儿便可在自然与生活共融的大环境中获得智慧的启迪,感知生命的精彩,享受生活的美好。

(上海市嘉定区昌吉路幼儿园　许洁)

活动创意 3-3　巧用自然物

　　《3—6岁儿童学习和发展指南》指出：幼儿生活在大自然中，自然界丰富的事物和现象给了他们形成美感的源泉。户外蕴含着丰富多元的自然环境要素，可以为幼儿带来别样的情感体验和无限的思考与想象，吸引幼儿睁大双眼去发现、竖起耳朵去聆听、伸出小手去探知，在融于自然环境的状态中不断成长发展。基于自然环境的无限魅力，我们开展了系列户外艺术创想活动，让幼儿走进大自然，亲近大自然，感悟大自然的奥妙。

走进自然，关注材料特性

　　大自然是知识的宝库，是活动的教材。幼儿年龄虽小，但是对变化万千、多姿多态的大自然最为亲近与好奇。户外艺术创想活动正是幼儿接触大自然的最佳方式之一，而活动材料的选取则是重要的前提，应当强调以下几个要素：

　　第一，材料的丰富性。一年四季的自然环境变幻无穷：春天花团锦簇，夏天绿树成荫，秋天秋风落叶，冬天白雪皑皑，四季不同的自然变化所带来的是美不胜收的景色。四季更换交替，自然界便有各具特色的产物，如雨后的鹅卵石、自然飘落的树叶、凋零的花朵、绿油油的青草地……即便是同一种自然物，在不同的季节也会呈现不同的形态，如树叶可以是碧绿的，可以是青翠的，亦可以是枯黄的。丰富多样的自然物无疑都可以成为幼儿艺术创想活动的材料，阳光、土壤、树木、花朵等也会带给孩子们无尽的探索乐趣。

　　第二，材料的可变性。我们将四季自然物作为户外艺术创想活动主要材料的原因，是其具有可变性。自然物既可以作为表现对象，也可以作为绘画工具，还可以成为自然画布，给予幼儿创造无限的可能，一个个生活化、直观化、灵活化、个性化的户外艺术创想活动也就此孕育而生。

小试牛刀，探究户外创意

1. 自然物拼画——拼出奇思妙想

春秋时节的雨后，地上落满了叶子和花瓣，面对如此丰富多样的材料，我们开展了自然物拼画活动。将满地的落叶和花瓣收集起来，鼓励幼儿大胆想象，用各种自然物进行组合。宁宁和琪琪用树枝、树叶拼凑成一幅"鸟窝中的小鸟"；轩轩找来小石子和树枝，描绘出"跳舞的小女孩"；佳佳用树枝和木片表现了一位"滑板少年"，不一会儿，"滑板少年"改变了运动器材，又玩起了"平板车"（见图 3-3）。自然物拼画活动，拼了幼儿的奇思妙想。

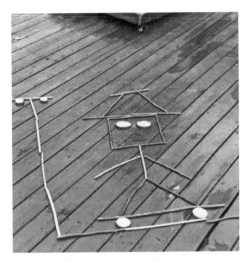

图 3-3　滑平板车的少年

2. 离园纪念册——留下专属记忆

随着现代信息技术的发展，越来越多的电子产品走进课堂，使艺术创作不再只有画笔才能完成，软件、录像、摄影等都可以成为艺术创作的方式。在户外艺术创想活动中，我们创设了众多与自然景观互动的创意场景，如鼓励幼儿自主拍摄幼儿园的美景，利用 App 中的拍图识物功能，了解花卉植物的更多知识。孩子们俨然变身成了一个个专业摄影师，对着同一场景左看看，右瞅瞅，寻找最佳拍摄角度，把校园美景一一收入相机中，并制作成一本专属于自己的美好记忆《离园纪念册》。

3. 魅力写生——记载美丽瞬间

一草一木皆范画。通过写生活动，幼儿能用眼睛去观察，用心灵去感受，并通过大胆的创意,描绘眼中的美好。在户外艺术创想活动开展的过程中,我们积极拓宽写生活动的空间,丰富写生材料,让幼儿在户外大自然环境中,尽情观察自然世界,自主选择绘画对象,生动描绘自己的所见所想。在一次次的静心写生中,幼儿将自然美景收藏在画中、眼中、心中。在开阔活动视野的同时,促进幼儿的智力发展和情感培育,逐步改变美术教学中"闭门造车""没有东西可画"的被动状态。

迁思回虑,丰厚艺术创想

结合幼儿户外艺术创想活动的实践经历,我们不断总结、分析、提炼,形成了相应的行动策略,并取得明显的成效。

第一,作品展示法。在艺术创想活动前后,我们总能听到孩子们的抱怨——"哎,又没完成,下次就不记得怎么拼了。""我上次画的影子去哪里了?"……每一次户外艺术创想活动,幼儿都能创作出大量的作品,但户外作品不易被保存,这成为了摆在我们面前的新问题。考虑到作品材料的特性,我们尝试采取不同的保存或展示方法。如自然物拼画的作品,用自制的大型相框将作品罩起来,让零散的拼画具有整体感。让幼儿在大型油画布上肆意玩色涂鸦,然后把油画布剪裁制作成各种生活用品,如抱枕、地垫等。通过不同的作品保存和展示方法,既保存了孩子们精心创作的作品,也让他们获得了更多相互欣赏与学习的机会。

第二,表扬激励法。教师不要吝啬对幼儿的赞美,要关注每一位幼儿的点滴进步,给予必要的鼓励与表扬,从而激发幼儿参与户外艺术创想活动的主动性,增强自信心。如默默尝试利用干花进行版画创作,他看到身旁的小伙伴剪出了对称的花瓶,着急地说:"老师,我不会剪花瓶。"我见状,耐心地鼓励道:"花瓶各种形状都有,即使不对称也好看哦。"于是,默默拿起剪刀尝试,最终剪出了一个别具一格的六边形花瓶。

第三,随机观察法。在自然物拼画活动中,我发现幼儿总是先拿取材料架上的自然物,而不是"先思而后行",有目的地选取需要的材料。针对这样的现象,我仔细观察幼儿在户外艺术创想活动中的表现细节,及时记录分析,并适时优化指导策略。首先,减少材料架上的现成材料,增加幼儿自主收集的材料,把更多的自然物投放在活动场域中,如将小石子、木片等材料铺在大树四周,松果、落叶等任其散落在草地上。这样的改变,让幼儿踏上了漫漫的"寻材之路",他们会先思考需要什么材料,并和同伴互相商量,然后再有目的地寻找材料,逐步养成先思考再动手的良好习惯。

将美术活动置于大自然情景之中,我们看到的是幼儿充满无限想象和生机活力的学习场面,每天翘首以盼的户外艺术创想活动,汇聚了幼儿的笑容和专注,展现了幼儿的成功与快乐,他们在大自然的画布中尽情描绘,这也是教师最感欣慰、最为希冀的愿望。

(上海市嘉定区昌吉路幼儿园 许洁)

第四章

灵动性：艺术创想活动的动态设计

　　艺术创想活动是开展艺术教育的基本样态，在儿童视角下不断完善艺术创想活动设计是我们的追求。我们从幼儿实际出发，注重幼儿的发展规律和已有经验，凸显幼儿的感知体验和自主表现，艺术创想活动设计和实施力求既体现幼儿的兴趣和需要，又能促进幼儿经验链的建立与积淀，为幼儿提供艺术创想活动中感知美、表达美和创造美的快乐体验。

《3—6岁儿童学习与发展指南》明确指出,艺术领域学习要萌发幼儿对美的感受和体验,丰富其想象力和创造力,引导幼儿学会用心灵去感受和发现美,用自己的方式表现和创造美。儿童视角下艺术创想活动设计,注重幼儿的已有经验和发展规律,凸显幼儿的感知体验和自主表现,在对境脉学习和具身体验学习模式运用实践过程中促进幼儿主动学习和建构经验,为幼儿提供艺术创想活动中感知美、表达美和创造美的快乐体验。

一、艺术创想活动的设计原则

我园对艺术创想活动设计方面进行深入实践研究,通过组织幼儿欣赏多种形式的艺术作品,萌发幼儿对美的感受与体验,鼓励和支持幼儿自主进行艺术表现与大胆创造,培养初步的艺术表现力和创造力。

(一)幼儿主体原则

在艺术创想活动设计上,首先要明确幼儿是活动的主体,幼儿既是参与者,也是评价者,要求教师从"研究儿童"转变为"和儿童一起研究"。教师在设计活动时给予幼儿最大化的活动空间和自主选择权,并对幼儿的想法做出反馈和回应,逐渐形成幼儿、教师、管理者研究共同体。

(二)目标融合原则

艺术创想活动设计力求符合幼儿园课程理念和办园目标,关注幼儿学习与发展的整体性特征,注重领域目标之间的相互渗透和融合。基于每一位幼儿的发展水平,培养富有个性特点的审美能力，从而满足每一位幼儿的发展需求。

（三）真实情境原则

幼儿偏爱自主参与、亲近自然、富有野趣的户外活动环境和充满艺术气息、富有童趣的室内环境。我们的艺术创想活动设计充分考虑师幼共同构建真实的艺术活动情境，为幼儿的艺术创想提供自由、自主的空间和环境支持。艺术创想活动注重幼儿的实践与体验，让幼儿在真实的情境中通过动手操作，促进深度感受，提高艺术表现力和创造力。

（四）开放自主原则

我们的艺术创想活动的设计充分尊重幼儿，搭设开放的艺术活动空间，激发幼儿自主参与活动的兴趣，让幼儿在宽松和谐的氛围中按照自己的意愿和能力，自主选择活动内容、伙伴、材料和空间等，实现艺术活动效应的最大化。

二、艺术创想活动的设计路径

艺术创想活动是我园开展艺术领域活动的基本样态，我们引导教师从本班幼儿实际出发，活动设计既要符合幼儿的兴趣和需要，又能促进幼儿经验链的建立与积淀。主要包括以下实施路径：

（一）确定主题和内容

基于幼儿的兴趣、年龄特点和教育目标，倾听幼儿的想法，确定活动的主题，比如季节、节日、当前社会热点等。根据活动主题,由师幼共同商议确定活动的具体内容。基于幼儿的发展需求,通过现场观摩、案例研究和专题研讨,不断优化户外艺术创想活动内容,形成三个年龄段的活动主题和内容。其中小班幼儿的户外艺术创想活动有"梦幻泡泡""色彩光影""玩转色彩"等;中班的有"拼搭乐园""管道好好玩""和风做游戏"等;大班的有"竹林'印'象""探秘侏罗纪""15 分钟生活圈"等。

(二) 重视预设和准备

根据活动主题和内容,对每个活动的时间安排、活动材料、场地选择等进行设计和预设,倾听幼儿想法。在尊重幼儿的前提下,制订活动计划,做好相关的经验准备和物质准备。要求教师既要重视整体活动效果,又要关注幼儿个体差异,优化艺术活动与运动、科学等领域有机融合的形式、内容等,满足幼儿的发展需求,丰富幼儿的经验,推进幼儿综合素养不断提高,让艺术之花在所有幼儿心中华丽绽放。

(三) 活动组织和实施

在前期师幼共同预想和准备的基础上,组织幼儿开展艺术创想活动。教师通过观察和引导,激发幼儿的创造力和想象力,尊重幼儿需求,鼓励幼儿大胆创想,并给予支持、鼓励和肯定。例如,幼儿将常见的户外游戏玩具水枪、大毛笔等引入到艺术创想活动中来,于是师生协商设计大型户外涂鸦——"玩转色彩"活动,一下子调动了幼儿对艺术创想活动的参与热情,活动的气氛也达到了高潮。

(四) 效果评价和反思

每次活动结束后,在组织教师反思自身教育行为的基础上,对活动效果进行整体综合评价,包括幼儿的参与度、创造力、语言表达、同伴互动等多个维度,确保评价的真实性、可信性。同时鼓励幼儿参与活动评价，倾听幼儿的感受和想法，逐渐形成相对完善的多元评价机制。

（五）活动调整和优化

艺术创想活动的设计不是一成不变的，需要在细心观察、倾听幼儿的过程中适时调整和优化。基于幼儿的喜好和需求，师幼共同搜集各类适宜的自然材料和具有开放性特征的半成品材料等。同时，改善材料和工具提供的方式，材料和工具的提供和放置的方位以方便幼儿操作为先，避免幼儿因为材料的数量不足或者材料放置得太远，从而降低活动的参与度和有效度。经过实践探究形成的艺术创想活动设计，主要聚焦环境与材料、玩法、观察指导要点、活动延伸四个层面的要素，形成可有效运用的活动样态。

活动创意 4-1　会变的小河

　　沙子与水对孩子们来说总是充满了吸引力,他们常常会巧妙地用沙子、水以及各种工具材料,创造出形态各异的沙画作品,编织属于他们的奇妙故事。一次儿童会议上,孩子们在商量创意玩沙的计划时,有孩子表示:"我们要在沙池里造一条长长的、宽宽的大河,就像幼儿园旁边的河流一样,河面上可以开船,河的两边有美丽的花草树木,还有休闲用的椅子。"提议得到了小伙伴的普遍赞同。由于孩子们对水的流动有着浓厚兴趣,我在观察中记录下孩子们在"挖呀挖呀挖"吆喝声中所发生的一个个精彩小故事。

片段一

　　孩子们在沙池里用大小不同的铲子和耙子使劲地挖,不一会儿,沙池里被挖出了一条长长的河道。浩浩找了一个水桶去水龙头下接水,然后倒在河道里,来回倒了几次以后,却发现河道蓄不住水。浩浩对小组的伙伴说:"这样装水太慢了,而且水一会儿就流走了。"烬烬:"那怎么办?"浩浩想一想说:"等会儿,我们去拿一根管子。"于是他们两人一起去找了两根管道和支架,架在了水龙头下面,然后打开水龙头,水源源不断流了下来。烬烬说:"水多了,水多了,我们快点挖!"于是烬烬和浩浩等四个伙伴继续开挖河道,一会儿直直挖,一会儿弯弯挖,挖出了一条S形的河道。其他小朋友看到后也都纷纷参与到挖小河游戏中。他们把原本一段一段的河道打通连接在一起,变成了一条长长、弯弯的河。

　　孩子们非常兴奋,不过这时候,大家发现小河里的水还没有流到河道的每个地方就没了,变得有点气馁。此时,我和孩子们开展了一次小组访谈。

　　教师:"你们把挖的几条小河都连通起来,变成了一条长长的河。刚才你们一会儿很开心,一会儿又有点小沮丧,遇到什么困难了?"浩浩:"水管下面的河道里水挺多的,可是水一点点流过去后,河里的水越来越少了。"教师:"怎么会这样呢? 什么原因造成的?"小俊:"水龙头开得太小了,开得大一点水就多。""那我们把水龙头开得再大一点!"浩浩边说边去拧水龙头。烬烬:"那也不行。你看! 水太大了,把挖的小河冲坏了,旁边就塌下去了! 刚才就是水太大了,我才关小的。"开心:"那我们慢慢开水,先把河两边沙子用点力气拍一拍,拍得结实一点。"

　　挖小河的创意活动在继续进行中。浩浩和烬烬把小河两边的沙子用手压一压,还找了木片拍打沙子,让小河的两边更结实;然后慢慢地把水开大。开心和烬烬找了三只塑料瓶,用彩色透明胶绑住,中间插了一根树枝,树枝上贴着用手工纸画的龙。他们说这是一艘漂亮的龙船,龙船在水面上飘呀飘。过了一会,龙船不动了,浩浩让大家把河道再挖深、挖宽一点……孩子们的创意行为还在继续着。

我的思考

　　在细心的倾听和观察中,我发现幼儿在创意玩沙中不断展开自己的想象,设计出能够通过船只的河道,探索河道窄、河水少、河道深度不够等问题。作为教师,我不急于介入,在观察到幼儿情绪低落时,才适时开展小组访谈,让同伴们一起商议策划,共同创意。在遇到问题的时候,幼儿能一起解决问题,共同挖出能开龙船的小河,体现了幼儿合作的力量。

　　借助访谈,设置情境,能够鼓励幼儿大胆表现。通过有效的支持,我将孩子的创意逐步推向深入,在不断尝试操作中,飘着龙船的小河受到了全班小朋友的喜欢。围绕小河作品,幼儿的创意表现在不断延展。

片段二

　　浩浩和烬烬想在小河边上种树种花,他们找了很多树枝和圆形木片,一根一根地把树枝插进小河边。看到插进去后沙子变松,浩浩还用双手把沙子聚拢压紧。乐乐看到后说:"这些树光秃秃的,也没有树叶,一点也不漂亮!"壮壮指着旁边的樱花树说:"是啊,你看,树上有茂密的叶子,旁边的枇杷树上还有果子呢。""可是,就算小河两边很漂亮,但是沙子一会儿就把水吸掉了,没有水的小河我不喜欢。"成成提出了自己的想法,旁边几个幼儿也附和着。听着他们的互动谈话,我鼓励他们:"挺不错的想法,你们动动脑再想一想,怎样才能让小河里的水不流失掉?再把小河两边打扮得美美的,变出一条景观河道,说不定能吸引其他班的小朋友来参观呢。"

接着,我和幼儿又召开了儿童会议,一起讨论:我们该怎样装扮小河?材料的准备和收集谁负责?负责装饰小河的幼儿提出需要小石子、树枝等材料,还要彩泥、绳子、手工纸、彩色马克笔;还有幼儿说可以在小区里捡一些广玉兰叶子和花瓣带到班级;想做椅子的幼儿提出需要一些木块和积木等;想要把河水蓄住的幼儿说需要塑料桌布、塑料膜、野餐垫,可以从家里带来或者网上购买……两天后,孩子们带着自己的想法和材料,再次投入到建造小河的活动中。壮壮等几名幼儿在透明膜上画上美丽的花儿,剪下来插在河边;浩浩和乐乐等幼儿用深绿、浅绿、红色、黄色的超轻黏土捏成一片片树叶,粘贴在树枝上,然后整齐地种在小河两边;成成、烁烁分别把塑料膜、塑料桌布、野餐垫铺在河底。结果,水真的蓄住了,孩子们围着小河,欢呼雀跃!

我的思考

在儿童会议上,幼儿能够迁移生活经验,一起商议并分工准备材料,最后共同装扮,解决了让小河蓄住水并变得更美的问题。因此,儿童会议是一个激发幼儿大胆创造和表达的好形式。这样的会议讨论,不仅能让我聆听每个孩子的声音,也能促进幼儿自主意识与能力的发展。他们在装饰小河的过程中充分发挥自己的创意和想象力,积极与同伴一起合作解决碰到的问题,体验了创意的快乐。

从"挖呀挖呀挖"开始,到创意建造出一条美丽的小河,在幼儿持续创意玩沙的过程中,我走近了幼儿,收获了以下感悟:

　　一是借助马赛克方法支持幼儿玩沙。在幼儿持续创意玩沙的过程中，我运用马赛克方法走近了幼儿。通过一次次的观察、倾听、支持，让幼儿更好地创想创新、相互合作、互相学习，最终获得成功。这不仅有助于我更好地倾听和理解幼儿的想法和需求，还能促进幼儿的参与感和归属感。

　　马赛克方法不仅让我能够全面、细致地观察幼儿在游戏中的行为表现、情感投入与思维过程，还促使教师更加尊重并珍视幼儿作为独立个体的声音与经验。通过访谈、会议等多种方式，我们得以倾听幼儿的真实想法与需求，理解他们的兴趣点与困惑之处，从而为幼儿提供更加适宜、有效的支持与引导。

　　二是通过充分互动提升幼儿能力。在玩沙的过程中，幼儿能够借助多元化材料实现自己的创意玩沙，提升表达表现能力，其中包括美的创想力和表现力、语言交往能力、合作能力和审美能力等。例如幼儿在用树枝、积木块等材料装饰小河后，通过儿童会议有效解决了让小河变得更漂亮等问题。在师生互动和生生互动中，他们不断创作与尝试，最后运用彩色马克笔在透明膜上作画，画的花草让小河更加生动，得到大家的认可，体验了成功，增强了自信。

　　运用马赛克方法去观察幼儿，无疑为我打开了一扇深入探索幼儿内心世界与创造潜能的窗口。在未来的教育实践中，我将继续探索并运用这一方法，以更加开放、包容的心态去观察、理解、尊重每一个幼儿，与孩子们共成长！

（上海市嘉定区昌吉路幼儿园　俞杨红）

活动创意 4-2　自然材料之美

自然材料，即来源于大自然的材料，如花草树木、泥沙石头等。[①] 威尔逊（Ruth Wilson）在《幼儿园户外探索与学习》一书中提到：自然材料是理想的开放材料，他们有不同的质地、颜色和气味，大小、形状也各不相同，并且自然材料具有强大的可供性，它能激发想象力，鼓励探索，引导幼儿主动动手实践。[②] 自然材料是幼儿户外创意活动的重要素材，是幼儿想象创造的媒介与桥梁。

自然材料在户外创想活动中使用的相关问题

第一，自然材料投放忽视幼儿主体地位。自然材料的投放更多是以教师为主体，幼儿被动接受，忽略了幼儿的主体性地位，限制了幼儿的创想与表达。

第二，自然材料收集的渠道过于单一。在户外创想活动的组织过程中，教师提供的自然材料大多局限于园内资源。许多家长并不了解自然材料、创意表现等对幼儿成长的作用，也无法形成较强的家园合力。这导致教师无法较好获得家长的支持与配合，材料搜集渠道相对单一，难以满足幼儿发展的需求，无法体现活动的应有价值。

第三，自然材料投放的种类和数量不足。在幼儿园里，最常见的自然材料有树枝、树叶、木块、石头等，而幼儿喜欢的各类鲜花、贝壳等较少提供。有些材料供应还受季节影响，如玉米秆等。同时，自然材料的种类和数量并不充足，使用率也相对较低。

---

① 刘欣然.自然主义教育思想启示下的幼儿园户外游戏自然材料投放与使用研究[D].桂林：广西师范大学,2022.

② ［美］Ruth Wilson.幼儿园户外探索与学习[M].邹海瑞,廖宁燕,译.北京：中国轻工业出版社,2020：39-40.

自然材料在户外创想活动中的使用策略

第一，聆听幼儿声音，自主选择自然材料。教师在活动中需要关注和引导幼儿与自然材料的积极互动，及时对幼儿的活动进行适宜适切的指导。

春日的午后，在通往户外创想区的路上，我带着幼儿一边行走，一边引导他们浏览沿途的风景。一路上，孩子们被春天的美景深深吸引。童童提出可以画春天。我就童童的想法征询了其他幼儿的意见。孩子们表示赞同后，各自选择了材料进行创作。有的在写生画春天，有的在水粉绘春景，有的画盛开的鲜花，有的画春天里的小人……

几分钟后，糖宝跑过来求助——她要做"春姑娘"的头发，可是材料架上没有叶子。我没有直接告诉她方法，反而追问她如何解决这个问题。糖宝一开始表示没有解决的办法，其他自然物无法取代叶子。经过思考，她打算去找找叶子。我提醒她想想树上掉落的叶子在哪里呢？在教师的暗示下，孩子不光在树下、草丛里找到了很多叶子，还选择了最喜欢的红枫叶作为春姑娘的美丽头发。一会儿工夫，糖宝那特别的"春姑娘"跃然纸上了（见图4-1）。

图4-1 糖宝的春姑娘

活动结束后，糖宝主动参与了创作分享会，与同伴们分享了设想实施——计划搁浅——寻求材料——解决问题——完成创作的整个活动过程。教师还请糖宝重点讲述了红枫叶的由来，引来了同伴的夸赞"糖宝，你真厉害""你还会自己找材料，我要给你点赞""我也要向你学习，没有的材料自己去找"。糖宝听后表示："我也觉得自己很棒，以后需要什么材料还会自己去找，这样很有成就感。而且我还知道红枫叶不光出现在秋天,有的也会出现在春天呢。"

因此,教师要减少"主动包揽",要引导幼儿主动出击,去发现、寻找所需的自然材料,凸显幼儿的主体性。这样才能激发幼儿持续的创作热情,建构创新思维,并且通过幼儿之间的评价互动,助推社会性品质的发展,实现最大程度的能力提升。

第二,注重家园密切联动,拓展自然材料的获取渠道。《幼儿园教育指导纲要(试行)》(以下简称《纲要》)在总则中指出:"幼儿园应与家庭、社区密切合作,综合利用各种教育资源,共同为幼儿的发展创造良好的条件。"[1]《纲要》在组织与实施中又提出:"充分利用自然环境和社区的教育资源,扩展幼儿生活和学习的空间。"[2]

教师可以利用线上平台载体来展示幼儿如何使用自然材料开展户外创想活动,从而加深家长对自然材料与创想活动价值意义的认识和了解。同时,教师可以通过钉钉班级群、班级圈、家长园地、线下沟通等方式,引导和建议家长与幼儿一起收集身边的自然材料,倡导家长做幼儿家庭创想活动的支持者和合作者。帮助家长建立科学的教育观,继而形成"1(学校)+1(家庭)>2"的教育共识。

第三,基于幼儿需求,增加自然材料的数量与种类。自然材料的投放需要适宜适切。材料匮乏会影响活动的正常开展,材料太多太杂也会干扰幼儿的创意表达。3—6岁儿童处于专注力养成期,注意力具有不稳定性。过多的材料投放,尽管能吸引幼儿的一时兴趣,但也容易造成注意力分散。因此,在投放材料时,需要根据幼儿的年龄特点和个体需求,不定期地更换与补充材料。如一次户外创意活动时,孩子们提出了花瓣装饰的需要。于是,我们一同收集了园内掉落的花瓣,进行了一场"花儿朵朵开"创意会。孩子们的创意各不相同,有的是花卉拼搭,有的是组合拼搭,颜色缤纷亮眼,特别多彩。

第四,开展儿童会议,将自然材料与美术材料融合应用。一连几天,孩子们都很喜欢在小木桩和石子路组合而成的神秘小路上穿行而过,去往操场运动。运动后的自由活动时间,玥玥跑过来向我反映:"神秘小路有点暗暗的,不好看。要是能够把它装扮

---

[1]　教育部基础教育司.《幼儿园教育指导纲要(试行)》解读[M].南京:江苏教育出版社,2002.
[2]　教育部基础教育司.《幼儿园教育指导纲要(试行)》解读[M].南京:江苏教育出版社,2002.

一下，可以又好看又明亮。"玥玥的说法引起了很多同伴的共鸣。由此，我征求大家的意见：有什么好办法来改造一下神秘小路呢？

孩子们就此开启了儿童会议，提出了几种不同的设想和计划。并决定以投票选举，少数服从多数的方式选择最终的改造方案（见表4-1）。

表4-1 神秘小路改造设想表

设想人	改造方案	选用材料	改造设想	同意人数
逍逍	《花叶小路》	各种掉落在地上的花瓣、叶子、滴胶等。	收集花瓣和叶子，晒干后粘贴在路面上。	6人
曦曦	《彩石小路》	各种上过色的小石子、白胶等。	在原来的小石子路缝隙里贴上彩色小石头。	10人
淑允	《彩绘小路》	各色颜料、笔、刷子、海绵棒等。	用颜料自由绘画小路和木桩。	16人

最终，《彩绘小路》得到了更多孩子的认可。就此孩子们开始了路面的设计、调色、绘画等操作，有的绘出了西瓜桩，有的绘出了渐变色的路面……。等路面颜料干透之后，孩子们又开始彩绘地面石头。由此，彩绘之路在持续改造中凸显雏形（见图4-2）。

改造神秘小路的过程中，孩子们始终兴趣盎然。有的说："太有趣了，我还要画。"有的说："等全部画完了，我要第一个在路上玩玩。"有的说："我们太厉害了，这是我们自己设计的彩虹小路呢。"

教师基于幼儿的需求与兴趣，以幼儿为本，放手让幼儿设想、计划、行动，让

图4-2 合力改造神奇小路

幼儿在创想活动中始终居于主体地位。在实践创想的过程中,幼儿兴趣的持久性和投入度得到明显提高,有效促进幼儿创意思维能力的发展。同时,幼儿在"玩"自然材料的过程中,与自然的联系更为紧密,关系日渐亲密,幼儿对自然美的感受与体验也更加深刻。伴随着自然材料的变化,幼儿直观感受到四季的变化,初步了解了人和自然环境之间的关系,激发了幼儿对自然的崇敬之情、对生命的敬畏之情。家长的教育观念也有了转变,家长在陪伴幼儿探索自然材料创意的过程中,发现了幼儿独特的创意表现,增进了亲子关系,对幼儿园的活动也更为支持与配合,家园合作共育效果得到凸显。

综上所述,自然材料是幼儿户外艺术创想活动的重要素材,是幼儿想象创造的媒介与桥梁。我们可以从自然材料的选择、投放、收集等方面鼓励幼儿自主使用自然材料并进行大胆创意表现,从而促进幼儿的感受、想象、表现等综合能力的持续发展。

(上海市嘉定区昌吉路幼儿园　侯剑英)

活动创意 4-3　多彩沙画

在一次艺术创想分享交流活动中,一名幼儿提出了一个问题:"沙子如果离开了沙池,还能怎么玩?"在激烈的讨论中,孩子们各抒己见,对干沙的玩法发表了自己的想法。玥玥说:"我觉得可以做沙包,然后玩丢沙包游戏。""用沙子做的沙包很重的,万一扔到头上,很疼的。"晨晨反驳道。花花边说边比画:"可以在瓶子上画上彩色线条、色块或者图形,然后把沙子装进去,就变成美丽的沙瓶画了。"小水说:"我在网上看到一位叔叔用沙子画画,又快又方便。"俊峰也非常积极地举手,提出了自己的问题:"可是我们每次画的东西,在结束整理后就全没了。"我追问道:"有什么办法可以保存我们的沙画吗?"这个问题,可有点难住他们了。林林想了想,说:"我看见抖音上有小朋友用白胶玩沙子粘贴画,这样沙画就能保留下来了。"经过投票表决,幼儿最后选择体验沙子粘贴画。

第一次尝试开始了!孩子们自信满满地开启了沙画创作。大家自主选择卡纸、塑料膜或画框,画上喜欢的画,如树屋下荡秋千、竹林里的熊猫等,选择固体胶作为黏胶,直接舀了沙池里的沙子进行作画,可是大多数孩子仍对自己的作品不太满意。多多说:"可能这个胶水不太黏,沙子都掉了。"乐乐马上说道:"不对,我觉得不是胶水的问题,这个沙子太重了,要细细的沙子才黏得牢。"还有的幼儿认为沙子不好看,彩色的沙子才好看。面对大家的争论,我问道:"那我们要怎么调整呢?"大家自主表达想法,最终达成共识:"黏胶用多一点……沙子多留一会儿再倒掉……再给沙子涂点颜色,做成彩色沙画。"

第二次尝试开始了!我为孩子提供了更丰富的材料和工具。比如黏胶类工具,除了常用的固体胶、双面胶,我还投放了不干胶、白胶,并引导孩子了解这些黏胶类工具的使用方法。于是孩子们在做中学,精心创作自己的沙子粘贴画。这次的沙画制作,沙子已经能固定在画纸上了。孩子们自主开展了讨论并进行投票,一致认为不干胶的黏合效果最好。于是,不干胶成为了幼儿保存沙画的好帮手。

在户外,沙画创作有趣好玩,成为幼儿最喜欢的一种作画方式。他们不满足于沙子单一的色彩,在沙画创作中的想法越来越多。一个孩子提出:"怎样才能制作彩色的沙画?"一石激起千层浪,小朋友们热烈互动起来。妍妍第一个发表自己的想法:"我们把沙子放在颜料里泡一泡,这样就有彩色沙子了!"乐乐马上接道:"还可以用我们的炫彩棒给沙子涂点颜色!"有些幼儿认为直接买彩色沙子。最后经过幼儿充分讨论,形成共识,达成决策——买彩色沙子浪费钱,我们可以自制彩色沙画。我尊重孩子们的这一决定。

跟随幼儿的奇思妙想,新的沙画制作又开始了。首先,孩子们尝试用颜料调和沙子,刚开始很不错,可是发现颜料干了之后,沙子就结块了,无法使用,就此宣告失败。接着,他们又用画笔涂色,因为沙子太细小,笔尖一动就散开了,根本涂不上去。虽然经历多次失败,但是幼儿的积极性仍然很高。这时,童童提议:"可以试试用超轻黏土!"大家开始尝试第三种方法,这次的沙画制作很顺利,超轻黏土不仅有漂亮的颜色,而且因为黏土有黏性,还解决了黏胶的问题。沙画不仅色彩鲜艳而且呈现出立体的效果,这个惊喜的成果让孩子们充分体验到成功的喜悦。

幼儿天生对沙、水、泥土等自然物有无限的探究欲望,沙子的多变性更让幼儿的创意玩沙过程显得变化无穷,沙塑作品也更灵动有趣。从幼儿萌生沙画创作的想法开始,我始终基于幼儿的兴趣和需求,在聆听观察与互动点拨中,提供多样的创作材料,支持幼儿的创意表现,满足幼儿的需求,推动了幼儿认知、情感等方面的发展。

在与幼儿共同经历沙画创作的多种尝试后,我也在收获与感悟。

一是敏锐捕捉问题,引发幼儿的创意探究。沙画创作中我关注了三个关键的问题环节——从干沙可以怎么玩,到沙画如何保存,再到怎样才能变出彩色的沙画。这引发了幼儿的持续思考,促使幼儿主动探索、大胆创意。其次,我尊重幼儿的想法,采用投票的方式给幼儿充分的话语权与决定权,使沙画创作活动不断走向深入,幼儿的参与也更显得自主、积极。

二是呵护稚嫩童心,让沙画玩出新花样。玩是孩子的天性,教师要善于发现和保护幼儿的好奇心、探索欲,激发他们的探究兴趣。在沙画创作中,我放手让幼儿自主尝试和探索,虽然历经多次"失败",但幼儿在持续挑战中获得成功,将简单的玩沙活动玩出了新花样,幼儿的创想灵感与创新能力得到自然迸发。·

（上海市嘉定区昌吉路幼儿园　唐晓怡）

活动创意 4-4 巧妙的选材

　　户外是孩子们最向往的地方。他们到户外进行艺术创想活动,沙池、山坡、竹林等资源都成为创想活动的一部分,从而打破传统绘画观念与表现方式。户外艺术创想活动是让孩子们采集大自然中的材料,进行大胆想象与创造,从而去发现身边自然物的美。而自然材料的选择和使用直接关系到幼儿创想活动的成效如何。为此,我一直在思考和实践如何合理地选择自然材料,让材料更好地为幼儿的户外艺术创想活动服务。

一、精心选择,有效使用

　　在户外艺术创想活动中,材料是幼儿自主探索自然和艺术的"纽带",也是幼儿进行艺术创造的载体。在选择材料前,必须考虑孩子的发展水平与年龄特点,有目的地将材料投放到活动中,将材料的功能发挥得淋漓尽致,从而达到幼儿自主探索的目的。那么怎样选择材料才能更好地开展活动、促进幼儿发展呢?

(一) 就地取材,充分利用

　　著名教育家苏霍姆林斯基认为,大自然是一本世界上最美妙的书,它是丰富多彩现象和无限美的儿童智慧的源泉。大自然中有许多适合幼儿进行艺术创想活动的天然材料,可以就地取材,充分利用。

　　1. 户外设施的利用

　　在我们幼儿园里,大到水池、沙池、跑道,小到运动器械扶手、窨井盖等一些户外设施,都能成为幼儿艺术创想活动的材料。在小班的户外花园"艾玛的园子"里,有几个非常可爱的大象造型的水池。幼儿喜欢在里面踩着水玩,我们就利用场地的特殊造型及功能，与艺术创想活动结合，使水池成为孩子们天然的大画纸，让他们感受原来艺术创作也可以既简单又好玩。

2. 自然物的利用

户外有幼儿经常能见到的、形态各异的材料。如石头、木头、果子、树叶、树枝等这些经常出现在幼儿的生活中，在幼儿园就能收集的自然物就是最好的材料。它们形态各异、颜色缤纷、质地有别，经过孩子们的创造就会产生令人惊叹的艺术效果。

（二）精挑细选，合理使用

在实践过程中，我们逐渐发现材料应丰富却不宜过多过杂，避免孩子在选择使用材料上花费过多时间，从而缩减了投入创作的时间。那么如何有效地选择材料呢？

1. 选择儿童可欣赏的材料

毕加索曾说过："每个孩子都是艺术家，问题在于你长大之后是否能够继续保持艺术家的灵性。"想要保持艺术家的灵性，只有充分地"输入"，才能有更好的"输出"。幼儿在欣赏艺术作品的过程中进行观察，在学习欣赏的过程中感知艺术、体验艺术、理解艺术，然后进行再创造。在室内，我们参观艺术馆、观摩艺术展；在户外，我们提供艺术欣赏材料。

欣赏材料一：将名画呈现在户外环境中。名画作品大都形象夸张、色彩对比强烈，具有鲜明的视觉效果。选择适合儿童欣赏的名画作品可以刺激幼儿感官体验。在幼儿园水池边上的空白区域，我们将荷兰画家蒙德里安的《红、黄、蓝构图》创意元素融入户外环境中。作品以几何图形为基本元素，色彩鲜明、风格突出，画面突出色块和线条，抽象的画面能让孩子产生丰富的联想，有别具一格的审美体验。幼儿欣赏后自发将名画变成了格子画来装饰我们的户外洗手池，并在窨井盖上画上了属于自己的红黄蓝，他们开始惊叹："哇，好漂亮啊！"

欣赏材料二：师幼共创的作品布置在户外环境中。除了欣赏名家作品，在醒目的环境中布置师幼共创的作品，也是不错的选择。在幼儿园的树屋栏杆处，我们用照片的方式呈现幼儿自主拼搭、师幼共创的艺术作品。幼儿经过的时候能够驻足欣赏，和同伴们交流,感受同伴的独特创意。当自己进行艺术创想的时候,能够联系同伴的作品创意进行创新和突破,使艺术作品更具魅力。

2. 选择幼儿可探索的材料

除了眼睛看得到的材料之外,幼儿还喜欢可以摸一摸、玩一玩的多元、可变材料。

一要体现多元性。多元的艺术材料可以演绎为多种艺术表现形式。在玩色涂鸦"艾玛的园子"活动中,幼儿选择的材料底板就不同于传统的纸,而是油布与透明塑料底板。幼儿在上面进行滴色、喷色、混色,不同的材料给幼儿带来不同的玩色感受,油布会吸附颜料,而透明塑料底板会产生颜料的流动感,多元的材料激发了孩子艺术创想的兴趣。

二要体现可变性。可变性是指同种或同性质的材料在表现形式上有所不同。比如粗细、长短不同的管子在户外艺术创想活动中的运用就具有多变性,管子的可塑性非常强,可延长可剪短,可弯曲可展开,可与其他材料组合使用,构造出变化无穷的艺术画面。

二、立足实践,遵循原则

材料是幼儿户外艺术创想的基础,如何使幼儿与材料互动实现效果最大化一直是我们探究的重点。经实践,我们认为材料的投放主要应遵循以下原则。

(一) 安全卫生原则

安全是一切活动开展的前提,户外艺术创想的材料首先应遵循安全卫生原则。幼儿使用的材料与工具必须是不锋利、不易碎、干净清洁的。艺术创想活动需要的材料繁多杂乱,有颜料、剪刀、树枝、松果、塑料吸管等,幼儿喜欢在场地中来回奔跑,周围不能有锋利尖锐的器材,即使是三层置物架也必须是圆角的。材料的收纳容器不能是玻璃、陶瓷这些易碎的材质,宜选择塑料类可分隔收纳篮,既轻便易取放,又便于清洗和消毒。

（二）就近摆放原则

由于户外场地较大，所需材料又较多，因此材料摆放的位置是非常重要的。为了给幼儿充分的艺术创想时间，减少幼儿来回取物过程中的耗时，将专属的材料架分散摆放在户外场地中，投放幼儿需要的、低结构的各种材料，使材料触手可及。

（三）动态调整原则

孩子天生活泼好动，世界对于他们来说，是那么新奇。我们又怎么忍心让他们在一成不变、枯燥无味的材料中磨灭艺术灵感呢？所以要定期对材料进行增减更替，让材料保持灵活性、动态性。比如，在我们户外场地旁有这样一面材料墙，它随着四季而变化，随着孩子们的兴趣而变化。墙上的一个个小袋子装满了孩子的发现，有时候里面装的是树叶，有时候里面装的是各种各样的树枝和木片。小袋子里的材料不固定，可以随时替换内容。

户外艺术创想活动的材料影响着孩子的创意表现，关系着孩子艺术素养的提升。一滴颜料，让画面展现了色彩；一串喷画，让幼儿产生无限想象；一幅画面，让幼儿获得艺术体验。幼儿用点、线、面展示了美妙的、充满想象的、富有色彩变化的艺术画面，给人带来无穷的惊喜。

（上海市嘉定区昌吉路幼儿园　张晴）

第五章

生长性：艺术创想活动的环境魅力

　　幼儿园艺术环境的创设，旨在支持和引发幼儿的自主欣赏和互动实践，激发幼儿的审美情趣，增强幼儿的艺术体验，达到以美启真、以美立人的目的。环境创设必须体现儿童视角，让幼儿真正成为环境创设的主人，积极参与环境创设的全过程。环境创设要体现美学元素，让环境与幼儿产生对话，让艺术灵魂落地生根，培养幼儿的艺术审美能力和创想能力，形成和谐发展的人格品行。

环境具有隐性的教育功能，对幼儿的发展起到潜移默化的影响和熏陶作用，是促进幼儿学习与发展的重要方式。我园在开展艺术创想课程实践与研究的过程中，注重室内外艺术环境的创设，旨在支持和引导幼儿在艺术活动中自主欣赏和互动实践，激发幼儿的审美情趣，增强幼儿的艺术体验，达到以美启真、以美立人的目的。

一、环境创设体现儿童视角

幼儿园的艺术环境创设必须尊重幼儿的学习特点和发展需求，要站在幼儿的角度看待艺术环境的创设，让幼儿参与环境创设，把理解幼儿的艺术语言作为环境创设的重要前提条件。

（一）师生共建，让幼儿成为环境创设的主人

让幼儿真正成为环境创设的主人，必须观察幼儿的行为、倾听幼儿的声音，创设属于幼儿自己的艺术环境。我们运用马赛克研究法，将自主观察和幼儿小组会议、个别访谈等形式有机结合，采集幼儿关于环境创设方面的种种想法。比如，聊一聊"新学期快到了，你希望教室的环境以什么颜色为主？""龙年快到了，幼儿园大厅里怎样呈现新年的氛围呢？""你们建议走廊里呈现哪一位大师的作品？"在平等的互动中，孩子们的想法越来越多、自信心越来越足。他们会主动提出："老师，我们想在天花板上挂一些彩色球，就像我在商场里看到的那样。""能把我们自己做的风筝挂在户外的树屋上吗？风吹过来一定很美很美。""达利是个有趣的画家，有两撇上翘的小胡子，能找一些他的作品贴在走廊里吗？"每当孩子提出这样或那样关于环境创设方面的想法，教师总能充分尊重并满足，使幼儿成为环境创设的主人。

（二）多元呈现，让幼儿作品成为环境创设的亮点

将幼儿的艺术作品进行展示，对幼儿来说是一种莫大的鼓励，既丰富了环境，又让幼儿获得展示自我的机会，感受快乐，增强自信。为此，在每个班级门口创设不同形式的作品展示区：有的将每位幼儿的单幅作品排列呈现，体现个性化；有的将幼儿作品中的主体部分剪贴重组后呈现，体现整体性。除了专门的作品展示区，幼儿的艺术作品还在"大师墙"及幼儿园室内外公共环境中得以呈现，让更多的同伴观赏和互动。由此，艺术环境与幼儿的距离也更近了。

（三）走进自然，让幼儿拥有更广阔的创意空间

户外环境是幼儿进行艺术创作的重要载体和天然场所。我们深入分析幼儿园户外环境的优劣条件和主要特点，在综合考量多方因素后，因地制宜对户外环境进行规划与整改，力求实现功能与审美并重、实用与耐用兼顾，建构了玩色涂鸦、创意沙画、自然物拼搭、光影魅力、自主写生等艺术活动内容，并且创设了适宜的场域空间。比如小班玩色区以经典绘本《花格子大象艾玛》为主题，建造了三个小象造型的池塘，成为幼儿玩色的天然大画纸；自然物拼搭区里，我们顺应幼儿好动好奇的天性，在山坡上利用大树打造了"空中树屋"，将山坡的上下空间充分利用；校园北侧建造了一条"神奇的小路"，通过不同材质的路面与各种观赏类动植物的巧妙组合，使自然环境的功能特征得到充分显现。

（四）适度留白，让幼儿获得更多的创意表现

艺术环境的创设不是一蹴而就的，而是随着幼儿兴趣的变化、主题内容的推进而不断发展的。因此，我们在环境创设中适度留白，鼓励幼儿积极与环境互动，运用多种

方式、多元材料进行艺术创想。比如将户外小竹林附近的平台作为户外艺术创想活动的留白区之一，投放了各类自然材料和生活材料，让幼儿可以自主选择、尽情表现，在丰富多样的环境中实现更多的创意可能。

二、环境创设体现美学元素

环境创设除了让幼儿情绪上获得满足和愉悦之外，更重要的是提高幼儿的审美情趣，培养其对美的感受能力和艺术创想能力，形成和谐发展的人格。因此，我们把艺术之美渗透于幼儿园环境中，凸显环境育人的功能。

（一）融合欣赏，凸显丰富性

古往今来的艺术大师各有不同的创作风格和表现手法，各有独特的韵味与内涵。我们将大师名作融合在艺术环境中，让幼儿通过视觉欣赏获得审美体验。如中国齐白石的《墨虾》、徐悲鸿的《奔马图》、吴冠中的《水乡》；国外梵高的《向日葵》、毕加索的《斗牛士》、蒙德里安的《红、黄、蓝构图》等。有些抽象的作品虽然没有真实的事物和既定的人物，只有各种线条、形状、颜色的不同组合，但是幼儿对于这些大人无法理解的"组合"，也能产生强烈的共鸣。他们往往能将作品简单化，天马行空的想象力帮助他们更好地感受作品所表达出的意象和情感。一些具象的作品描绘了一定的事物、人物，幼儿则通过画面来感知作品所表达的主题，从具体环境及整个画面的色调、构图等方面来感受作品的意韵。如此多名画在幼儿园的公共楼道中陈列，幼儿不仅可以通过视觉欣赏，还可以使用点读笔聆听作者和作品的简介，感受和理解名画中的艺术元素。

（二）与时俱进,凸显时代性

很多现代雕塑、装置艺术、摄影、绘画作品都体现着时代的发展和美学元素。因此我们注重艺术环境的时代性特征,并赋予其更多的内涵。在"艺术好好玩"创意长廊内创设了"I画空间"儿童美术馆,在玻璃栈道下陈列了剪纸、泥塑、油画、粘贴、版画等各种艺术形式表现的作品;楼道的一侧,将蒙德里安的作品进行解构和重组,凹凸的收纳柜呈现了经典的红黄蓝格子画,放置了一些具有红黄蓝元素的生活用品,如背包、袜子等。幼儿既可以阅读与蒙德里安有关的书籍,还可以欣赏由作品衍生出来的各种生活用品,形象诠释了艺术赋予生活的意义。另外一侧,将孟菲斯风格的作品融合在地板、柜面、墙面以及小沙发之中,让幼儿身临其境地感受艺术家所带来的高纯度、强对比的配色以及各种几何元素的组合运用。

幼儿园艺术环境创设是一项复杂的系统工程,高质量的环境浸润作用不言而喻。3—6岁的幼儿正处于审美萌芽期,对美有着独特而敏锐的感受。在幼儿园环境创设中,教师要做有审美感知的有心人,让环境与幼儿产生对话,让艺术灵魂落地生根。

活动创意 5-1 云朵"秋千"

小山坡上的两个轮胎秋千是孩子们最喜欢的玩具,摇一摇、晃一晃,总能听到孩子们的欢声笑语。新年刚过,天气还未转暖,孩子们围着秋千议论纷纷。有的觉得秋千坐上去太冷了,有的认为秋千硬硬的,坐上去太不舒服,还有的孩子认为秋千如果能像被子一样软软的,就好了。小涵突然惊喜地说道:"我要做一个云朵秋千,这样弟弟妹妹坐上去就是暖暖的了!"

伴随着孩子们的问题,小涵带着"让秋千变得更加舒服"的想法踏上了问题解决的旅程……

第一天的故事

小涵在材料架上找到了棉花、剪刀、布胶。他先把布胶沿着轮胎的外圈慢慢贴好。撕掉黄皮纸后,他又揉了揉棉花,摁在了布胶上。他用这样的方法,依次在轮胎的外围固定棉花。接着他在秋千的四根绳索上粘贴了棉花。不一会,一个"云朵秋千"模型初现了。然后,他端详了一下,又匆匆从材料架上取了一块软垫和一大把棉花。他小心翼翼地将棉花平铺在秋千椅的"轮胎"上,再把软垫盖在上面(见图 5-1)。"哇,做好了!"望着眼前自己的杰作,小涵开心地说道。小涵做的云朵秋千一下子吸引了好多小朋友。大家都围在秋千的周围,争先恐后地想要去坐一坐,体验坐云朵秋千所带来的美好感觉。

一时间,"云朵秋千"成为了园内网红打卡地,中班的弟弟妹妹们在中午散步和下午游戏时都爱上了这个软绵绵的秋千座椅,争先恐后地坐上云朵秋千。"好美呀,好软呀,好舒服呀!"孩子们纷纷发出赞美声。他们还给它取了一个特别的名字——筋斗云秋千。

图 5-1　云朵秋千 1.0 版本

我的思考分析

　　活动中一次偶然的谈话,引发了孩子们的思考。"如何改造秋千"本身带给孩子们的是一种情感上的愉悦和接纳,这源于他们对弟弟、妹妹的关爱和呵护。这种美好的愿望是引发一系列问题解决的持续动力,也触发了小涵主动改造秋千的灵感。在案例中,面对第一个关键性问题"用什么材料来改造秋千",小涵在众多材料中,选择了白色的棉花来制作软软的云朵。棉花轻柔、自由、灵动,一团团的就好似一朵朵的白云。这正是他在运用已有经验构想可能的解决办法。在制作云朵秋千的过程中,小涵有计划、有条理地一步步进行建构。首先从轮胎的外圈进行改造,初步打造成云朵的造型。其次添砖加瓦,对绳索进行装扮,让秋千更加富有美感。最后画龙点睛,在轮胎上铺上棉花,放上软垫,让小朋友坐起来更加温暖,最终解决了问题。由此可见,小涵在面对问题时,能积极主动思考,并进行大胆尝试操作,在与材料反复互动的过程中把他的想象力和创造力最大化地发挥出来。

第二天的故事

呼呼的大风吹了整整一天。第二天,孩子们来到秋千前时,发现棉花散落满地,原本蓬松、可人的云朵秋千变得单薄、破败。有的孩子说:"我们的云朵被吹走了!"有的孩子说:"是的,要是没有风,棉花就不会吹走了!"还有的孩子认为是棉花粘得还不够牢。怎么让我们的"云朵"贴得更牢固呢?小涵又开始了自己的探索……小涵在材料架里,拿出了透明胶和粘土。他把透明胶贴在了一团棉花上,再把透明胶的另一端粘在了秋千的轮胎表面。为了让透明胶能更牢固地贴在轮胎上,他还用了粘土在轮胎与透明胶的接缝处进行加固。

过了五分钟,小涵对我说:"秦老师,这样太麻烦了,我要换个方法!"只见小涵把散落的棉花重新粘在了原来布胶的位置。这次他在粘棉花时,特地用手揉搓了一下棉花,把原本松松的棉花搓成紧紧的一团。接着,他找来了毛线,沿着轮胎上的棉花绕了两圈,试图将棉花捆绑在轮胎上(见图5-2)。"还有什么材料既可以做云朵又不会被

图5-2 云朵秋千2.0版本

大风吹走呢?"小涵说出了自己的问题。孩子们纷纷发表了不同的意见:"是不是你用的胶水太少,所以没粘牢?""用很多很多黏土试试看呢?""是棉花不好粘,太滑了!""它老是散掉……"

我问道:"那可以用什么材料做云朵?"小朋友纷纷出主意,小杰说:"那用白色的纱巾试试看!""用餐巾纸团成云朵形状!""餐巾纸不行,下雨要湿掉的。""我知道,我知道,可以用白色的棉柔巾,很软,又舒服,下雨也不会烂掉,我妈妈用它洗脸!"当小朋友说到棉柔巾时,我看到小涵很专注地点了点头。

我的思考分析

面对如何加固这些棉花的问题,小涵进行了两次尝试。第一次尝试中,小涵积极寻找粘贴工具进行组合验证,他选择了透明胶和黏土两种粘贴工具。尝试过半,他主动停下来,觉得太麻烦了,要换个方法。可见,小涵在解决问题的同时,能结合自己的操作,不断思考材料是否合适,是否有更有效的方法去解决问题。第二次尝试中,他舍弃了粘贴类工具,选择了用绳子去捆绑。每一次材料的选择都是幼儿基于已有经验解决当下问题的尝试。材料经验的不断整合,也体现了孩子选择材料的主动权。在一次次的尝试中,我看到了小涵对于"固定"的认识,从"粘牢"到"捆绑",他能运用已有信息灵活变通解决所遇到的问题,将新旧经验进行整合和优化,从而想出解决问题的更有效的方法。

第三天的故事

在小朋友们的建议下,小涵从家里带来了棉柔巾,继续进行尝试。小涵先清除了秋千上的大部分棉花,再在轮胎的四周粘贴上了布胶。他拿出了棉柔巾,一张张慢慢地粘贴上去。他仔细看了看,又拿出黏土,在每一块棉柔巾的接缝处进行了粘贴加固。接着他又说:"下一次我找个朋友,一起给棉柔巾贴上彩色的大点点和小点点,这样秋

图 5-3　云朵秋千 3.0 版本

千就会更漂亮了。"

　　在小涵基本完成秋千创意改造后,我对他进行了一对一的访谈:"你喜欢棉柔巾做的秋千吗?"小涵:"嗯,现在不容易掉棉絮了。"教师:"那比起棉花,你更喜欢哪一种材料?"小涵想了想,说道:"现在虽然不掉棉絮了,但是不像云朵了,像做了一条秋千的裙子。"

我的思考分析

　　当小涵的创意改造遇到瓶颈时,他会主动寻求他人的帮助。多人小组式的讨论、交流,使小涵接触到不同的想法,一下子打开了思路。他是一个善于听取他人意见的孩子,原本一直把"固定棉花""改变粘贴工具"作为解决问题的突破口,不曾考虑过更换棉花。通过和其他孩子的互动,小涵从"如何固定棉花"转变为思考"用什么材料来代替棉花"这一问题,使问题的解决办法更具可行性。

在后续的访谈中，我感受到小涵具有一定的独立思考和质疑的能力。小涵对于目前的"云朵秋千"还是不满意，虽然解决了"云朵不停掉落"的问题，但同时他又有了新的问题——"像给秋千穿了条小裙子"。这并不是他心目中最好的"云朵"形象。就是这份"不满意""不满足"，推动着小涵继续进行深入实践探究。

在三次"云朵秋千"的改造中，我欣赏着、惊叹着孩子们的创意与想法，也尊重、顺应、推动着孩子们的思维发展，让艺术创想活动逐渐呈现深度学习的状态。

一是真实的问题情境关乎着幼儿解决问题的态度。正如案例所示，"如何让秋千变得更舒服？""如何让云朵更牢固？""还有什么材料能做云朵？"呈现出活动过程认知性少，真实性强，且与幼儿生活经验联系密切，促使幼儿迸发解决问题的动力等特点。即使多次面对"棉花掉落""粘不牢"等情况，幼儿没有放弃，仍旧愿意去尝试、去探究，形成在自主探究中发现问题、探究问题、解决问题的真实情境和学习契机。

二是新旧知识的迁移左右着幼儿解决问题的方式。基于幼儿的问题，我在了解幼儿原有认知和看法的基础上，将个体的问题抛回给他们，引发他们的讨论与思考。引导幼儿学习他人的经验，优化已有的经验，大胆进行自主探索，习得解决问题的能力。针对幼儿在改造秋千中遇到的"棉花粘不住"的问题，在幼儿已有经验无法解决的基础上，我适时组织了儿童讨论会，让小涵提出自己的困惑，引导同伴进行讨论，这对获得新的问题解决思路具有启示意义。随后，在幼儿用"棉柔巾做成的秋千"与预想存在一定差距的情况下，我并未直接告知幼儿解决方法，而是发挥支持者的作用，鼓励幼儿再次思考、多次实践，为幼儿搭设自主解决问题的空间。

三是自主探索的品质决定着幼儿解决问题的结果。不同的学习品质，会影响幼儿解决问题的结果。在此案例中，小涵的探索过程先后持续了一周的时间，用"棉花制作云朵"显露了他的想象力与创造力，面对"棉花飘落"的情况依然大胆实践，彰显了他的抗挫力和持久力，体现了良好的学习行为和品质。

（上海市嘉定区昌吉路幼儿园 秦夏）

活动创意 5-2　风的魅力

大自然风云变幻、神秘多彩,幼儿对大自然的一切都充满了好奇。就拿"风"来说,一年四季都会出现风,不管是室内或是户外,都能感受到"风"的存在。随着天气预报中"风"的内容出现,幼儿对于风产生了疑问。"什么是东南风?""'东风3级'的风有多大呢?""除了有微风,还有什么风呢?"带着这些疑问,我们开展了关于"风"的探索活动。

镜头一:风的魅力

在一次户外艺术创想活动中,嘟嘟在树屋上玩时,突然发现颜料盘被风吹翻了,她连忙告诉我。我随她一起上了树屋,只见散落的颜料正顺着树屋地面的缝隙往下滴,草地上铺着的大画布上瞬间形成了各种线状、点状的颜料纹路。我问孩子们:"是谁在用颜料画画呀?"他们兴奋地表示:"是风把颜料吹倒,然后又把颜料吹到了画布上。"树屋上的体验,让他们感受到风带来的色彩。我继续追问:"风会画画吗? 风画出来的画是什么样子的?"带着这两个问题,孩子们发表了不同的看法。嘟嘟说:"风会画画的。"沛沛却表示:"风又没有手,怎么画?"团团说:"我们可以把颜料放在高一点的地方,让颜料慢慢往下滴,有了风会不一样。"佳佳说:"那我们把彩笔绑在彩带上,彩带飘起来,风就能画画。"

有了各自的好想法,小伙伴们拿起水彩笔、扭扭棒、彩带和画纸等材料一起去记录风的画作。他们用扭扭棒或丝带把笔悬挂在树屋下,将画纸靠近画笔,不一会儿,吹来了一阵风,彩笔跟随丝带动了起来,团团开心地表示:"风来画画了,是蓝色的,风画的是大海。"好多孩子过来围观。他们还发现不同的风会呈现出不一样的画作。

我的发现与支持

一是基于儿童视角,感受风的无形与有形。在"风的色彩"户外艺术创想活动中,孩子尝试从多感官角度去感受风,捕捉风的细微变化,对风的感知逐渐具象化。风在孩子的认识中是无形的,是看不见的。但风吹倒颜料的意外事件,引发孩子以彩带、纸张和水彩笔为媒介,让风从无形变得有形,让孩子能够真实地感受风带来的艺术魅力。

二是拓展创作空间,感受新奇的创作体验。在艺术创想活动中,教师可以根据孩子的需求,提供各种尺寸的多样化画布,满足独立作画或者多名孩子合作完成作品的需要。这对于孩子来说是一次新奇的创作体验,他们的思维产生碰撞,丰富的想象得以激发,他们精心构画心目中的艺术作品。

镜头二：与风游戏

有一天,佳佳告诉好朋友她星期六和妈妈一起去博览公园了。可可听到后说他也去过,其他孩子纷纷附和。佳佳说她和妈妈一起制作了风车,是透明的,可以在上面画画。乐乐说她和妈妈用树枝、透明的杯子做过风铃,挂在家中的院子里,很漂亮。于是孩子们的兴趣转移到了风车、风铃上,期待和风互动。

随后的户外艺术创想活动中,我投放了透明风车、透明碗、树枝、丙烯马克笔等,让幼儿尝试自主选择材料制作风铃、风车,感受与风进行游戏的乐趣。我观察到幼儿认真绘画风车的每一片叶子,展现自己喜欢的图案以及花纹(见图5-4),并且把完成的风车两两组合,安插在小山坡上、树林中。当风来临时,风车快速转动起来,孩子们迎着风奔跑,跑道上扬起阵阵欢声笑语……

过了几天,嘉嘉发现制作完的风车越来越多,集中摆放后,被压坏了。我问她:"那我们怎么办呢?"嘉嘉说可以把它们插在泥土里,装扮我们的校园,还可以让弟弟妹妹们都能欣赏到我们自己制作的美丽风车(见图5-5)。

图5-4　制作风车　　　　　　　　图5-5　感受风,美化校园

我的发现与支持

　　一是感知和体验并重,与风互动。为了帮助幼儿了解更多关于风的奥秘,我们开启了一场风的探究之旅。在户外活动中,孩子们精挑细选制作风车、风铃等作品的材料,用画笔勾画出属于自己的独特风车或风铃。制作完成后,孩子会举着风车在跑道上奔跑,感受风吹动风车所带来的快乐,还把风铃悬挂在树屋下面,一阵风吹过,风铃在微风中轻轻地摆动。他们会用眼睛观察风吹带来的各种现象,他们用耳朵倾听风发出的各种声音,感受风的美妙。不同的创作载体使孩子们抓住了风的细微变化,产生不同的感官反应,加深对风的认识,促使他们大胆表达表现,并用画笔表达不同的情感体验。

　　二是巧用自然物,与材料互动。在户外艺术创想活动中,幼儿园里的花朵、树叶成了风车和风铃的装饰物,它们呈现出不同的颜色和形状。树叶可以变成风车上的点缀、风铃上的装饰物等树枝、木棒、麻绳的组合使用,可以制作成与众不同的风铃,随着自然之风,轻轻舞动。无疑,大自然的环境成为了孩子们艺术创想的背景,自然材料成为孩子们游戏中不可或缺的创意支撑。

（上海市嘉定区昌吉路幼儿园　曹祎婷）

活动创意 5‑3　花伞变"鸟窝"

　　《3—6岁儿童学习与发展指南》提出:"幼儿艺术领域学习的关键在于充分创造条件和机会,在大自然和社会文化生活中萌发幼儿对美的感受和体验,丰富其想象力和创造力,引导幼儿学会用心灵去感受和发现美,用自己的方式去表现和创造美。[1]"在户外艺术创想活动中,幼儿能获得直观的感受和体验,这有助于幼儿的想象和创造。基于儿童需求,教师的支持能助推幼儿自主、自由地表现美、创造美,让幼儿在户外创想活动中尽情表现。

小鸟来了

　　我们的教室附近有一条"神奇小路",常常有小猫、小鸟栖息在那里,是孩子们最喜爱的户外区域之一。有一次,几名幼儿发现有小鸟结伴停留在"神奇小路"上不愿离去。于是,他们提出要为小鸟制作鸟窝。基于孩子们的需要,我们发动家长一起收集了鞋盒、纸板、快递盒等物品并收纳于百宝箱中。当小禾发现又有小鸟停留在"神奇小路"上时,她马上跑到教室,在百宝箱中找出了一把透明伞,撑开并放置在"神奇小路"上。她说:"小鸟,快过来吧! 有了伞,刮风下雨也不怕了。"

绘制花伞

　　户外艺术创想活动时,小禾和芊芊来到"神奇小路",尝试用画笔为雨伞绘出各种花纹。小禾用油画笔蘸了橙色颜料在雨伞上画了许多大大小小的圆,并嘀咕道:"给小

---

①　中华人民共和国教育部.3—6岁儿童学习与发展指南[M].北京:首都师范大学出版社,2012.

鸟画一个太阳，阴天了也不怕。"芊芊蘸取绿色的颜料在雨伞上画了三角形、正方形等图案，她说："这是一块一块不同的草地，小鸟可以站在上面玩。"(见图 5 - 6)

图 5 - 6 幼儿绘制花伞"鸟窝"

共赏"鸟窝"

《幼儿园教育指导纲要(试行)》指出，教育评价是幼儿园教育工作的重要组成部分，是了解教育的适宜性、有效性，调整和改进工作，促进每一个幼儿发展，提高教育质量的必要手段。① 对于艺术活动的教育评价，我们应该更多地倾听幼儿的想法，看到幼儿的个体差异性，而不是以统一的标准、主观的审美来评价幼儿的作品。

在走动式的交流分享中，师幼共同欣赏花伞"鸟窝"。有的幼儿发出感叹，"这把花伞真漂亮！"有的幼儿发出疑问："花伞上画了什么？"在轻松愉悦的氛围中，幼儿了解了花伞"鸟窝"的由来。随后，有的幼儿想用纸盒来做一个鸟窝，有的幼儿提问是否还有

① 中华人民共和国教育部. 幼儿园教育指导纲要(试行)[M]. 北京：北京师范大学出版社，2001.

其他小动物也需要"家"等。

　　在钉钉云端平台，我将幼儿的相关鸟窝作品拍摄上传，并分享了幼儿的创作过程，他们的童真创意让家长们感到惊喜，也得到了同伴们的在线点赞和肯定。

我的思考和感悟

　　一是支持幼儿将想法付诸实践。花伞"鸟窝"的活动来源于幼儿，我们应该把幼儿视为主动的、有能力的探索者和发现者，珍视来自幼儿的问题、想法，支持幼儿将想法付诸实践。

　　二是捕捉幼儿的创想灵感。户外创想无处不在，它来源于幼儿的生活，又回归于生活。而艺术教育的意义在于让孩子充满好奇心和想象力，教师需要善于捕捉孩子的创想灵感，鼓励、支持幼儿表现美，让幼儿感受艺术创作的快乐。

　　三是给予幼儿展示的平台。幼儿的作品会"说话"，它是幼儿生活经验、内心想法的折射。我们可以为幼儿创设一个展示平台，如师幼分享会、云端作品展等，让更多的同伴和家长看到幼儿的成长痕迹，激发幼儿的创作热情，促进幼儿更好地发展。

（上海市嘉定区昌吉路幼儿园　邱艳蝶）

活动创意 5-4　神奇的小路

陶行知先生曾说:"我们要解放小孩子的空间,让他们去接触大自然中的花草、树木、青山、绿水、日月星辰。"中班幼儿喜欢接触大自然,对大自然中的事物、现象具有强烈的兴趣,会自发地产生许多探究行为。

初探木桩

新学期伊始,孩子们进入了新的班级,教室门前一条特别的小路吸引着孩子们的兴趣,他们开始了与这条小路的游戏之旅(见图5-7)。

图5-7　长长的小路

乐乐踩在小木桩上,边走边说:"我们可以走木桩,下面都是炸弹,掉下去就完蛋了!"琪琪和小孙也尝试走在小木桩上。只见他们小心翼翼地踩在木桩上,慢慢地向前走去。琪琪走到小木桩上说："我可以跳着过去。"说完,她就开始了自己的尝试。

新鲜的事物总是吸引着孩子们的好奇和探索。作为教师,我们需要敏锐地发现孩子关注事物的兴趣点,积极支持孩子的探索,放手让孩子去尝试、去探索。

穿越"火线"

除了走木桩外,孩子们想让小路变得更有趣。这天,两个孩子将美工材料架的一团毛线拿到了小路上,长长的毛线掉在了地上。豆豆指着地上的毛线说："你看,这个像不像一条小路?"说完,豆豆把线拉得长长的,拖在了地上,时而在地上绕个圈,时而拉得直直的。他对身边的小谢说："你去踩在线上! 不能掉下来。"小谢举起手臂,在细细的"路"上走了起来,他走得小心翼翼,有时还踮起了脚尖,生怕脚踩在地面上,豆豆也学着玩了起来。

五分钟后,小谢说:"我还知道个玩法! 我玩过穿越火线。"小谢指了指小路边上的树枝和架子:"把线绑在树枝上和架子上。"说干就干,豆豆和小谢一起把毛线固定在了树上。在固定毛线的同时,小谢还指挥豆豆有的毛线要挂得高高的,有的要挂得低低的。这时候,路过的乐乐看到了,他说:"这么好玩,我能玩玩吗?"小谢点头,答道:"你记得穿过小路时不能碰到线哦!"乐乐听到后,小心抬着脚,慢慢移动身体,走过障碍。

孩子的奇思妙想让小路发生了变化。他们善于思考和迁移,将毛线和小路组合在一起,一根小小的毛线在孩子们的手里变出了两种新花样。在过程中,豆豆不仅有自己的想法,还会组织其他小朋友一起玩,能用较清晰的语言表达自己的想法。小谢能安静倾听他人的想法,愿意配合和跟随,同时也能大胆表达自己的意愿。孩子们既玩得开心,又体验到了成功。

创意"变脸"

小木桩处又出现了新创意。小谢蹲下身子,指着小木桩说道:"这里有两个木桩,这里有三个!"小谢的发现引来了小杨的好奇。小杨说:"有三个、两个,还有一个的,每个木桩都可以变成一张脸,我去拿点材料。"说完,小杨就去了材料架。只见他先把瓶盖、毛线往盒子里放。拿走盒子后,他又来到小木桩前,开始对小木桩进行"装扮"。他先把两个瓶盖放了木桩上作为小人的"眼睛",再拿出毛线抖了抖,放在木桩的上方,作为小人的"头发",接着,他又找到了一根树枝作为"嘴巴"。他仔细看了看,说道:"这是我妈妈,她还有一串项链。"说完,他沿着木桩下方摆了一串瓶盖。他在四周看了一眼,摘了两个红红的辣椒,一个摆在了木桩的中间变成"鼻子",另一个则放在项链的下方。我指着辣椒问小杨:"这个是什么呀?"小杨说:"这个是妈妈的心脏。"

玩转小路的过程是孩子不断发现和创造的过程,小杨不仅能想到运用毛线、瓶盖等材料进行创意拼搭,而且还想到用辣椒表现出人物的心脏。

我的思考

第一,让幼儿在亲历自然中丰富直接经验。追随孩子的兴趣和需求,丰富幼儿对于自然美的感受和体验。刚刚进入中班的孩子对小路上的树桩充满了好奇:他们喜欢一遍遍触摸树桩上的纹理;他们喜欢把小树桩当作小桥,一遍遍走;有时候小树桩又变成他们作画的底板,记录着他们的创意。

第二,关注幼儿在活动中的自发生成。相比预设,我们更关注孩子的生成,活动的起因就是孩子遇到的实际问题或挑战,这更能激发他们主动探索的欲望。从最开始在神奇小路上的走走跳跳,到穿越火线和创意变脸,背后是孩子们的自主思考、收集材料、自创玩法、迁移再运用等过程。我持续的关注和材料支持,成全了孩子的天马行空。

神奇的小路让孩子们感到自由与放松,学习也随之悄然发生。户外艺术创想活动的内容选择需要教师有敏锐的感官,发现幼儿的兴趣;有专业的素养,提供幼儿创想的材料;有深度的思考,引导幼儿持续地探索;有感性的支持,读懂幼儿的体验。教师应当抓住生活中的自然资源,把握幼儿潜能发展的良好时机,满足幼儿的好奇心和求知欲,激发幼儿的创想潜能,推进其更好地发展。

(上海市嘉定区昌吉路幼儿园　秦夏)

第六章

体验性：艺术创想活动的多元评价

　　综合性评价提供了一种更全面的评价框架，我们将儿童体验纳入其中。幼儿的体验不仅反映他们在活动中的收获，也是对活动的一种评价，他们非常关注自身在活动中的体验，甚至一些成人眼中"无足轻重"的细节也会影响他们的情绪和兴趣。我们通过马赛克法、自然观察法、云端成长档案等多种形式，力求获得更客观、更直观的活动评价结果，并对幼儿的全面、持续发展产生积极的影响。

综合性评价起源于教育领域对传统评价方法的反思，特别是相对那些过分强调标准化测试成绩和短期学术成就的评价方法，它提供了一种更全面的评价框架。儿童视角下户外艺术创想活动的评价，主要包括过程性评价、增值性评价等，不仅关注幼儿在户外艺术创想活动中的即时表现和体验，还重点关注这些体验如何对幼儿的发展产生积极的影响。

一、综合性评价重点关注幼儿体验

户外艺术创想活动是一种强调幼儿参与、感受、想象和自主表达的亲历性活动，幼儿的体验不仅反映他们在活动中的收获，也是对活动的一种评价。让幼儿描述其活动体验，我们可以获得幼儿体验的真实信息。幼儿非常关注自身在活动中的体验，甚至一些成人眼中"无足轻重"的细节也会影响他们的情绪和兴趣。

（一）幼儿更关注自身的体验

幼儿往往使用诸如"好玩""开心""有趣"等话语，表达对活动的喜好，对于自己喜欢的艺术内容能够沉浸投入，富有创意，获得情感上的满足。相对而言，教师通常会从活动的价值考虑，在材料投放上面下功夫，尽量预设三种以上的玩法，凸显活动对于不同幼儿发展的价值。同时，成人习惯用大尺度和整体性的角度看待周围世界，幼儿更加关注看似"无关紧要"的细节。例如，树屋处的鸟屎、粉笔灰等都可能会降低幼儿对于活动的兴趣。

（二）幼儿期待更大的话语权

我们真切感受到幼儿的力量和内心世界，幼儿希望能充分参与并主导活动，玩哪个区域，用什么材料，创作什么内容，都能自己做主。例如，在自主摄影中，幼儿拍摄的都是自己参与的并感到满意的作品，而不是校园里教师预设的环境。

基于以上两点，以幼儿体验为基础的评价原则应主要指向两个方面：一是评价应关注儿童的感受力、表达力等；二是评价应促进幼儿自然、自发的艺术追求，以开放性的问题支持幼儿的探索、学习和创意。

二、综合性评价的主要方法

基于儿童视角，我们运用马赛克研究法、观察表、成长档案等多种方法，从不同角度收集儿童在活动中表现和体验的数据，确保评价结果切实有效。

（一）运用马赛克研究法，收集幼儿的过程性评价信息

通过自主摄影、儿童会议、自主画图、儿童访谈、自然观察法等方法，在重视幼儿需求和期待的基础上，提升幼儿的参与度、满意度，不断优化活动质量，为幼儿的体验和表现提供有力支持。

在自主摄影活动中，让幼儿围绕"自己喜欢的户外艺术创想活动"进行自主拍摄。拍摄结束后，鼓励幼儿就自己所拍摄的作品内容进行解释并展示。在儿童之旅中，让幼儿担当导游角色，教师认真倾听幼儿对于各"景点"的介绍；在图片选择中，教师提前拍摄幼儿参与户外艺术创想活动的照片，让幼儿选择自己喜欢或不喜欢的图片；在儿童会议中，让幼儿自发、自主召集同伴；在户外区域内，倡导幼儿共同商量和讨论活动中发生的问题，大胆表达自己的观点；在涂鸦区里，让幼儿自由表达对于颜料使用的想法；在自主画图中，让幼儿围绕"我喜欢的内容"进行自主构图，并就自己所画的内容给出解释。

（二）依托观察表，关注幼儿的发展状况

为了更精确地评价幼儿参与户外艺术创想活动的效果，立足园本实际，设置了《儿童视角下户外艺术创想活动观察表》。我们强调在自然环境中评估，分为幼儿的感受与欣赏、创造与表达两个维度。每个维度都设定 1—5 分的评分标准，其中 1 分表示"很少"，5 分表示"总是"。观察信息的分析，有助于教师、家长更加具体地了解和评估幼儿的行为表现和活动收获。例如，幼儿是否能够主动观察、欣赏自然元素，如花草树木、空气、花香、泥土味、鸟鸣、水流、风声、虫鸣等；幼儿是否能运用树叶拼搭、沙画等形式观察和大胆表现想象中的事物；幼儿是否能够基于不同材料的特质，运用不同的艺术形式（如绘画、雕塑、拼贴等）等，表达表现自己对相关事物的认识和感受。

（三）云端成长档案评价，呈现幼儿发展轨迹

教师依托云端平台建立电子《幼儿户外艺术创想成长档案》，定期将幼儿不同阶段的创意作品收录其中，注上幼儿的姓名、创作时间、创想内容和教师评语等，以展示幼儿在一段时间内的成长和进步状况。随着时间的推移和信息的积淀，幼儿的活动轨迹和成长痕迹得到自然呈现。这种增值性的评价方式可以帮助教师和家长更全面地了解幼儿在艺术创造力、表达表现能力方面的发展变化。

综上所述，我们从儿童视角出发，通过多种评价方式，尊重幼儿的个体差异和创造潜力，强调幼儿独特的学习体验和创造性表达，从而更好地支持幼儿的个性化发展。总之，以幼儿体验为焦点的艺术创想活动多元评价机制，不仅能够促进幼儿的艺术表现力、创造力的发展，还能帮助他们在社交、情感等方面得到提升，使幼儿在"以美激趣、以美达意、以美传情、以美润心"的艺术创想活动中获得更好的发展。

活动创意 6‑1 交流分享两步法

交流分享是幼儿园户外艺术创想活动至关重要的组成部分。《幼儿园教育指导纲要(试行)》指出：乐意与人交往,学习互助、合作和分享,有同情心,皆在促进幼儿生理、心理、智力和谐发展,为幼儿的一生奠定良好的生活和物质基础。户外艺术创想活动中的交流分享是教师与幼儿、幼儿与幼儿同步推进的双向人际交流,高质量的交流分享有利于促进幼儿认知、情感、语言、思维以及社会性品质的全面和谐发展。

交流分享能够让幼儿在开阔的户外自然中获得新的知识和经验,促进幼儿的素养发展。户外艺术创想活动因其场地环境等因素的特殊要求,往往会产生各种问题。于是,我针对户外交流分享环节所呈现的问题,进行深入探索,并适时调整优化。

聊"形式"

传统美术活动的交流分享模式是教师组织,幼儿端坐倾听并偶尔发表自己的想法进行交流。初期,我们同样采用这样的模式进行交流分享,考虑户外环境、幼儿学习习惯等诸多因素,我们打破了这样的模式。

第一,由"静"到"动"。起初,我们给幼儿提供了蒲团,让他们席地而坐进行交流。时间长了,我们发现空旷的室外环境、嘈杂的车流声、没有先进的电子设备等,造成幼儿听不清、注意力不集中、无法共鸣等多种问题,使得交流分享环节的效果大打折扣。那么,每次活动中的精彩场景就这样被闲置,幼儿的出色灵感就这样被忽视吗? 显然是不行的。于是我们的交流分享开始探索如何从"静"转向"动",和幼儿一同参观户外艺术创想活动的现场作品,在行走观看的过程中,谈作品、说想法、聊创意。

例如:大班活动"光影魅力",是一个对环境要求极高的活动。它需要宽阔的场地和阳光,材料也不宜移动。当幼儿走到画板前,看到了地上那一个个形态不一的恐龙

图 6-1　幼儿操作《光影魅力》

时,便能联系自身操作时遇到的问题,提出自己的看法。"这个小恐龙怎么变矮了?""我知道,上次我画的时候,只要变一变(太阳照射)角度,恐龙就会有不一样的影子。"(见图 6-1)我们邀请幼儿当场做实验,更改恐龙位置,让其他幼儿能直观地了解、感受影子的奇特,避免了之前"纸上谈兵"的困境。

在散步欣赏中,我们将那些弥足珍贵的作品和创意传递给幼儿,从而使幼儿能直观地浏览作品,激发幼儿的表达欲望,丰富幼儿的美术创作经验,提升幼儿的美术欣赏力和创作力。

第二,由"说"到"画"。由于幼儿的年龄特点,交流分享很大程度上会受到时间的限制,因而在短短的互动分享时段中,总有几名幼儿不能获得表达自己想法的机会。户外艺术创想活动也不例外。于是,我们为幼儿提供人手一本户外艺术创想记录本,给予幼儿另一种表达的机会。由"说"到"画",让户外艺术创想活动的内涵得以深化,外延得以拓展。

谈"内容"

组织形式上的改变为户外艺术创想活动打下了一个良好的基础。在组织交流分享活动时,还有个难题:与幼儿聊什么?在一次次的实践研讨中我发现,交流分享内容主要存在以下几个问题:一是话题繁多,重点弱化;二是提问无效,回应笼统;三是重视成果,忽视过程。针对问题,我们尝试了以下交流分享策略。

首先,针对活动内容,把握话题关键。交流分享环节虽然是户外艺术创想活动中的一部分,但又有别于活动中的自由创作,它介于集中活动和自由创作之间,是教师发起的活动，有一定的计划性和教育目的。因此，交流分享环节有一定的计划，教师要有事先预设的内容，可以和本次活动重点指导内容相结合。另外，在行走欣赏讨论中生成的话题，教师应根据幼儿的回答捕捉关键信息，聚焦关键经验，为幼儿提供新的认知经验和兴趣。如在活动"创意沙画"中，有的幼儿用沙瓶将沙子倒出来成画，有的幼儿则将沙子铺满相框，用树枝当画笔画画。教师肯定幼儿不同的表现方式，接着提出"怎样才能画出细细的线"的问题，激发幼儿寻找不同的作画工具。最后教师也提醒幼儿不要用手揉眼睛。在整个过程中，教师根据"沙画的不同表现方式"，聚焦了关键经验——学习品质方面：敢于探索与尝试，积极动脑，独立解决问题；健康方面：良好的卫生习惯以及作画安全。教师必须将话题把握好，心中有目标，眼中有幼儿，对于幼儿的回答就能给予合适且积极的回应，为幼儿发展提供良机。

其次，注重开放提问，支持主动分享。有效提问有利于激发幼儿的学习兴趣，启发幼儿的深入思考，从而拓展幼儿的学习经验。户外艺术创想活动是自主性较强的活动。教师在交流分享时的有效提问能帮助幼儿梳理关键经验。教师可以提前设计好问题，根据幼儿的回答，进一步提出一些具有探究性的问题，启发幼儿去描述和解释自己所做的事，鼓励幼儿主动分享。在上述"创意沙画"案例中，教师的提问循序渐进，先是询问幼儿画了什么，给予幼儿介绍作品的机会，然后根据幼儿的回答，以"发现了什么秘密""怎样变出细细的线"两个递进的问题，帮助幼儿梳理活动经验，获得新的经验。

最后，再现活动过程，维持幼儿兴趣。每份材料的特点不同，有些材料是显性的作品成果，而有些只能通过幼儿口述来回顾自己在活动中的经过。由于幼儿的年龄特点，单一的口述分享不能长时间地吸引幼儿的注意力，也无法细致地描述自己精彩的操作过程。例如：在活动"拼搭进行曲"中，幼儿一开始用了树枝和木片拼搭出了一个滑板少年。转眼间，他又拿来了树枝，对滑板进行了改装，变成了平板车。在集中分享交流中，幼儿很难完整地、清晰地交流自己的行为过程，以及出现的问题，十分影响分享的效果。因而，对于这些区域，教师可以有目的地鼓励幼儿借用平板、相机等记录自己的活动情况，再组织幼儿观看、重现操作过程，帮助幼儿观察、发现、了解活动中的闪光点,增强幼儿实践探究的自信。

　　有效实施户外艺术创想活动的交流分享环节,能给予幼儿充分表达的空间,帮助幼儿回顾自己的行为,把行为和结果相关联,将行为与目标挂钩,真正实现深度而有意义的分享,体验成功的快乐。通过这样的分享交流,促使教师支持幼儿主动学习,同幼儿一起徜徉于艺术时空,话创意、聊艺术、说快乐,促进幼儿的快乐成长。

(上海市嘉定区昌吉路幼儿园　许洁)

活动创意6-2 "趣"玩拼搭

　　大自然中有着取之不尽、用之不竭的资源宝藏,让幼儿走近自然、融入自然,有利于幼儿在自然场景的感染下感知世界、认识世界和融入世界。为此,我园以美术活动为载体,突破艺术教育局限于室内的传统方式,深入开展幼儿户外艺术创想活动。

　　在户外开放的自然环境中,基于马赛克研究法,我通过自然观察、儿童访谈、儿童会议等形式,发现幼儿非常喜爱选用落叶、木片、树枝、石头等自然材料进行拼搭。最受幼儿欢迎的场景是树屋下的草坪,他们认为树屋下的树荫凉快,大树下的落叶和石头在拼搭时触手可及,可以就近取用。随着户外艺术创想活动的深入推进,孩子们采用自然材料,玩创意拼搭,创造出很多新颖的玩法,并在创意拼搭中不断发现美、创造美。

活动实录

　　在一次活动中,我观察到思羽用树枝拼出了一个圆形烧烤架,并把树叶串在树枝上当作烤肉串。当同伴提出想要一串烤金针菇后,思羽去草地上找了几片细长的树叶当作金针菇。随后,圆圆的树叶变成了土豆、藕片,黄黄的树叶变成了玉米……

　　通过观察,我发现思羽很会思考,她能就地取材,巧妙利用树枝来创意表现烧烤架,能采用颜色、形状不同的树叶来表现烤串。同时,我发现幼儿对于自然物的接触较多体现为视觉感受,他们制作的作品也显得既小巧又有个性。

　　通过思考,我意识到幼儿的创意诞生除了需要一定的生活经验积累,还需要多元地感受自然、真切地接触自然。大自然的一切都蕴藏着无穷的教育契机。干枯的小草、形状各异的树叶、掉落的花朵和果子,都足以引发幼儿的无限遐想,也能延伸出无数丰富有趣的创想活动。于是活动之后,我和幼儿一起去挑拣落花落叶、抛接树叶、堆垒石头……幼儿在一次次的亲身实践中,充分感知、体验,学会积极思考、主动学习,提升表达表现能力。

当我们再一次来到户外,幼儿的创意拼搭行为变得更加丰富多样。思羽在草坪上用树枝搭了一个大城堡,又用树叶、松果、石头等进行创意装饰。她告诉我故事书里的公主就是住在城堡里,说完她就用石头和树枝拼搭出一个长头发的公主,接着又用松果拼出公主的笑脸和裙子上的花纹。分享交流时刻,同伴们在欣赏思羽的作品后,一致称赞她拼搭的城堡太漂亮了,也想住进去;又有一位小朋友询问自己拼搭的一只小兔子,是否可以住进思羽拼搭的城堡里去。听到同伴们的互动话语,思羽连忙告诉朋友们,她下次准备再拼搭一个更大一点的美丽城堡,邀请好朋友们一起到城堡里玩耍。

思羽的拼搭作品大多展现她最感兴趣的内容,在与其他幼儿的互动中,她又能够愉快地接纳同伴的想法,并表达自己进一步创作的意愿和设想。

基于幼儿活动中迸发的创意行为,教师要给予及时肯定,鼓励幼儿大胆创意,并将幼儿的作品进行展示,引导幼儿欣赏同伴的作品,以此拓展幼儿的已有经验,激发其艺术创造力、表现力。

在后续的活动中,思羽和琳琳搭完城堡和公主,开始用石头和小木片拼搭一只小兔子。在拼小兔子的眼睛时,琳琳先用了小果子,但思羽发现小果子放在凹凸不平的石头上立马就会滚下来。于是,琳琳又把树叶撕成小片当做小兔子的眼睛。这时,思羽又提出树叶太轻了,会被吹走。最后琳琳找到了两小片木片屑当作小兔子的眼睛。

经过一阶段的户外艺术创想活动,我发现思羽对自然材料的运用已经有了充分的经验,并能向同伴提出小果子容易滚落、树叶太轻会被风吹走的问题,而幼儿自己发现问题和尝试解决问题的方式,正是他们向高阶思维发展的萌芽。

此时,教师组织幼儿分享交流在拼搭过程中遇到的问题及解决的方法,不仅满足了幼儿表达的欲望和分享的需求,而且促进了同伴间的相互学习,提升了幼儿解决问题的能力。

随着幼儿拼搭创作行为的日趋成熟和丰富,他们对于拼搭过程越来越有目的性。在创作过程中,幼儿园内的自然材料已经不能满足他们的创想需求。比如:思羽小朋友想做一条彩色的裙子,但是没有彩色材料,于是"如何让公主穿上彩色的裙子"成为孩子们的新话题。大家七嘴八舌地讨论着,有的孩子提出可以用水彩笔涂颜色,于是孩子们尝试在树叶、石头、木片,甚至是松果上涂上了颜色,着力装扮作品。在观察幼儿的作品时,我发现他们喜欢用鲜艳且饱和度较高的颜色,于是我在户外环境中融入了具有相同色彩的艺术元素,把艺术家蒙德里安、草间弥生的作品作为孩子们欣赏、参照的材料。

在自然环境和艺术氛围的烘托下,幼儿的作品也从平涂自己喜欢的颜色转变为有意识地涂出渐变色;从大面积上色转变为形状、线条、图案等细节的勾勒;从拼搭作品本身转变为关注作品装饰的配色、层次等方面,进一步激发了幼儿的艺术想象力与创造力。

我的感悟

第一,我园户外场地中的竹林、草地、跑道以及树屋等都蕴藏着丰富的教育资源,户外艺术创想活动必须立足儿童视角,发掘幼儿的创想潜力,让幼儿在开放的、喜爱的自然环境中萌发对大自然的亲近感,获得多元体验,助推想象力和创造力的提升。

第二,在户外艺术创想活动中,教师必须站位"退后",充分赋权幼儿,要持续关注幼儿与环境、材料、同伴的互动,基于幼儿在活动现场的行为特征,引导和鼓励他们创造性地使用自然物材料,满足自身发展的需求,健康快乐地成长。

（上海市嘉定区昌吉路幼儿园　陈佳璐）

附录

艺术创想活动设计

大班篇 01 竹林"印"象

一、环境与材料(师幼共建)

1. 活动场景：小竹林

2. 操作材料：竹子、玉兰树、石榴树等植物,蓝晒液材料、扎染染料、水拓画材料、工具(一次性手套、刷子、滴管、透明薄膜、塑料板、梳子、刮片、绳子、木板、儿童剪刀等)、各种被染物(白色布料、帆布帽、帆布袋、扇子、小白鞋等)、沙漏计时器

3. 欣赏材料：蓝晒工艺品

二、玩法(参考)

玩法1：模拟古法蓝晒的操作工艺,选择小方巾或扇子等用品,戴上手套,在刷了蓝晒液的用品上,将捡拾到的竹叶、树叶或小枝条等植物摆放出自己喜欢的造型,盖上透明薄膜,在阳光下暴晒20分钟左右,然后用水进行冲洗,挂在晒不到阳光的竹林里阴干,并相互欣赏同伴的作品。

玩法2：用捆扎法印染：将毛巾、布料等用品进行折叠或卷起后,用圆形、三角形、六边形木板或竹片、竹夹子、竹棍将折叠后的织物夹住,然后用绳子捆紧,捆扎可有松有紧,自选滴管上色,打开后形成深浅不同的纹样效果,最后将扎染的用品晾干,与同伴一起欣赏美丽独特的扎染花纹。

玩法3：在托盘里装一半的水,随意滴入不同颜色的水拓颜料。选择塑料板、梳子、刮片、刷子等工具自由改变水拓颜料的形状,并将生活用品覆盖或浸润在托盘中,使得图案转移到用品上,晾干后幼儿便可获得独一无二的创意用品(见附图1-1)。

附图 1-1　创意用品

三、观察指导要点(参考)

1. 观察幼儿对非物质文化遗产印染的兴趣度和制作工艺的认知程度,以及活动中的创意和想象。

2. 观察幼儿利用植物与染料自由组合与创意表现的情况,感受独特的美感。

3. 观察幼儿使用不同扎染方法的经验以及扎染方法和作品效果之间关联性的探索,感受其多变的扎染效果,乐于与同伴分享自己的创作过程。

(上海市嘉定区昌吉路幼儿园　朱怡静　许洁)

大班篇 02　神奇小路

一、环境与材料（师幼共建）

1. 活动场景：神奇小路（见附图 1 - 2）

附图 1 - 2　神奇小路

2. 操作材料：不同的植物叶子、大小不一的树枝、各种干花、石塑黏土、玩陶工具（刻刀、喷壶、擀面杖）、颜料、刷子、纸杯、塑料碗、泡沫球

3. 欣赏材料：石塑图片及作品、各种昆虫图片

二、玩法（参考）

玩法 1：风铃小路。幼儿选取适量的石塑黏土，用搓、揉、团等方法变出不同形状，

用擀面杖将表面擀平整。选择喜欢的叶子，将其按压在塑形后的石塑黏土上，用刻刀把多余的黏土去除，晒干后使用刷子上色，做成各种树叶风铃，将风铃悬挂在神奇的小路上。

玩法2：小花园。幼儿自主选择纸杯、塑料碗等材料，用石塑黏土将其包裹在里面，并尝试对其塑形，形成不同造型的"花盆"，用树枝、干花等自然材料对其进行装饰，或插花，或种植，为神奇小路搭建小花园。

玩法3：昆虫乐园。幼儿用石塑黏土包裹泡沫球，做成昆虫身体，并选择不同材料表现不同昆虫的外形特征，如用颜料上色并装饰细节。将昆虫藏匿于小花园中，开展寻找昆虫的游戏。

三、观察指导要点（参考）

1. 观察幼儿对于泥塑活动的兴趣。

2. 观察幼儿在泥塑时的精细动作发展情况（如搓、揉、团、压等）。

3. 引导幼儿有目的地观察自然环境中不同品种的花朵和常见昆虫的主要特征，为丰富幼儿创意泥塑主题提供有效的支持。

四、活动延伸

幼儿按照四季特征用泥塑作品布置神奇小路，形成四季小路场景，直观感受春夏秋冬四季轮回的景象特征。

（上海市嘉定区昌吉路幼儿园　许洁　张伊妮）

大班篇 03　探秘侏罗纪

一、环境与材料（师幼共建）

　　1. 活动场景：假山、沙池

　　2. 操作材料：仿真恐龙模型、超轻黏土、自然物（大小不一的木片、长短不一的木棍、高低不同的小树桩、松果等）

　　3. 欣赏材料：与恐龙相关的图片及书籍

二、玩法（参考）

　　玩法1：幼儿根据恐龙的外形特征，运用自然物拼搭、黏土制作等多种方式表现恐龙。将制作好的恐龙藏匿于假山、沙池等场域中，邀请同伴开展寻找恐龙踪迹的游戏。

　　玩法2：依据假山的造型特征，根据恐龙的生存环境，在假山周围选择自然材料和仿真恐龙模型组合还原恐龙的生活环境（见附图1-3）。

附图1-3　恐龙的生活环境

三、观察要点（参考）

　　1. 观察幼儿对恐龙的外形特征及其生活习性的已有经验，提供恐龙的图片、绘本、视频等材料丰富和拓展幼儿已有经验。

2. 观察幼儿在表现恐龙和恐龙化石时选用的材料情况以及对已有材料创新运用的实践探索。

（上海市嘉定区昌吉路幼儿园　王玲）

大班篇04 15分钟生活圈

一、环境与材料(师幼共建)

1. 活动场景:沙池及周边场地

2. 操作材料:沙、水、玩沙工具(沙雕模具、水桶、沙铲等)、自制沙画框(大小、形状、颜色不同)、尖嘴挤压瓶、自然物(落叶、凋谢的花朵、树枝、木片等)

3. 欣赏材料:沙雕作品图片,安亭老街、市民广场、嘉亭荟、汽车博物馆等标志性建筑图片

二、玩法(参考)

玩法1:幼儿利用水与沙的特性,运用各类玩沙工具,根据自己想表现的建筑外形将沙塑形,大胆表现自己生活圈周边的建筑(如安亭老街、市民广场、嘉亭荟、汽车博物馆等),并利用各种自然物(如落叶、树枝、石头、凋谢的花朵等)对沙雕作品进行装饰(见附图1-4)。

玩法2:幼儿自主选择自制沙画框,在沙画框内用尖嘴挤压瓶挤压出流沙进行作画,或在画框里平铺沙子,用手指或树枝进行勾画、涂抹,描绘安亭的特色建筑(见附图1-5)。

附图 1-4 安亭老街严泗桥

附图 1-5 安亭永安塔

三、观察指导要点(参考)

1. 关注幼儿对 15 分钟生活圈周边建筑的兴趣和热点,发现这些建筑各不相同的明显特征以及和我们生活的关系。

2. 观察幼儿创作沙雕建筑中碰到的问题,如塑形困难或特色建筑特征模糊等,和幼儿共同探讨并给予有效支持。

四、活动延伸

幼儿自主拍摄玩沙作品,打印制作成创意玩沙图册,供同伴欣赏。

(上海市嘉定区昌吉路幼儿园 张晴)

中班篇 01　树屋音乐会

一、环境与材料（师幼共建）

1. 活动场景：树屋

2. 操作材料：各种不同大小与形状的树叶、干花、松果等自然材料，点点胶、剪刀、马克笔、大笔刷、各种颜色的颜料、不同造型的面具、各种样式的扇子、各种材质与大小的锅碗盆与罐子、不同长度的裙子、各种颜色的披风、自制话筒、录音机

二、玩法（参考）

玩法1：幼儿想一想、说一说自己扮演的角色，然后选择合适的自然材料，如使用树叶、干花、松果等，用剪一剪、贴一贴、画一画的方式装饰披风、帽子、面具或扇子等。幼儿也可自主选择成品服饰或小道具，在自由装扮后，与同伴在音乐伴奏下唱唱跳跳。

玩法2：利用自然材料自制简易乐器进行演奏或为表演伴奏。如用颜料、大笔刷等材料涂鸦装饰锅碗盆瓶等生活物品，在罐子内装入自然物（如沙子、树叶等），通过摇晃或敲击物品等方式模拟乐器发出不同的声音。

玩法3：邀请同伴一起讨论表演的主题，共同布置舞台。根据表演需要自制适合的乐器为表演伴奏，或一起编排简单的舞蹈、歌曲或故事表演。例如在"动物音乐会"主题表演中，幼儿戴着动物面具，伴随乐器的演奏进行歌唱表演（见附图1-6）。

附图 1‐6　动物音乐会

三、观察指导要点（参考）

1. 观察幼儿选择自然材料进行装饰与制作乐器的参与度；观察幼儿自制乐器所用的材料（单一还是组合）以及探索让乐器发出声音的不同方法。

2. 提供幼儿熟悉且喜欢的乐曲，观察幼儿与同伴使用自制乐器和装饰物进行配乐演奏或表演的情况。

3. 观察幼儿合作表演时协商、分工、配合的情况，以及生成问题时的解决方式，在幼儿需要帮助时提供支持。

四、活动延伸

1. 定期举办表演会，自定节目单，分享幼儿的创意演出。

2. 打破年龄边界,开展混龄活动,邀请弟弟妹妹观看表演,也可以邀请哥哥姐姐一起参与联合汇演。

(上海市嘉定区昌吉路幼儿园　丁一　徐李婕)

中班篇 02　和风做游戏

一、环境与材料（师幼共建）

1. 活动场景：有风、空旷的户外场地
2. 操作材料：长短不一的树枝、大大小小的树叶、松果等自然物，各色水粉颜料、马克笔、大笔刷、大画布、粗麻绳、一次性杯子、剪刀、粗细勾线笔、塑封纸

二、玩法（参考）

玩法1：幼儿在大树下，用剪刀在一次性杯子底部扎一个小洞，用麻绳一端把一次性杯口绕扎打结，把麻绳另一端绑在树枝上使杯子悬空垂挂。将画布铺在树枝下，把各色颜料分次倒入一个或多个一次性杯中（见附图1-7），借助风的力量或者手推杯子的力量，让颜料随机滴落在画布上，形成流动的颜色印记。后续幼儿用粗细勾线笔对画布的颜料印记进行自主添画，作品可以用于幼儿活动场景创设或故事创编（见附图1-8）。

玩法2：幼儿用马克笔或颜料装饰A3大小的塑封纸，再首尾相连卷成圆筒，打洞机在圆筒上下两端随机打洞，用麻绳一端将树枝、树叶、松果等自然材料捆绑，另外一端穿进圆筒的洞里，自主制作成风铃，将自制风铃悬挂在户外场景中装饰校园。

三、观察指导要点（参考）

1. 观察幼儿在户外艺术创想活动中对风的感知和思考如何借用风的力量让杯子动起来的过程。

附图 1-7 将颜料倒入杯子

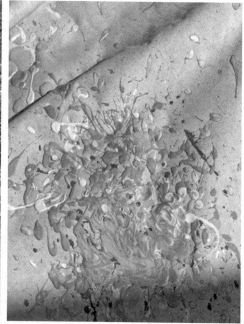
附图 1-8 呈现的效果

2. 观察幼儿对于色彩变化的兴趣和探究的欲望,鼓励幼儿大胆玩色。

3. 鼓励幼儿大胆想象,学会和同伴分享风铃上的"故事"。

四、活动延伸

1. 引导幼儿拓展自制风铃的材料,探索用不同材料自制风铃,倾听风铃发出的不同声音,鼓励幼儿绘画"风声"的作品。

2. 从自制风铃到自制乐器,为树屋音乐会做道具准备。

(上海市嘉定区昌吉路幼儿园 秦夏)

中班篇 03 百变管道

一、环境与材料(师幼共建)

1. 活动场景：空旷的场地

2. 操作材料：铝箔管、铝塑管、白色纸箱、大型积木、锡纸、海洋球、CD 光盘、丙烯颜料、油画笔、超轻黏土、丙烯马克笔、海绵棒、大小颜色不同的波点贴、胶带、剪刀

二、玩法(参考)

玩法 1：幼儿根据设想的主题，自由选择材料进行组装拼搭，探索不同材料的特性以及立体拼搭组合时不同的连接方法，制作喜欢的立体艺术装置(见附图 1-9)。

附图 1-9 超级机器人

玩法2：幼儿选择涂鸦材料，根据游戏内容在铝箔管上进行添画涂鸦，装扮游戏场景，开展各类运动游戏。如在铝箔管上添画动物，将铝箔管套在身上，两手拉住铝箔管，模仿动物跳跃游戏；用大型铝箔管模拟山洞并添画，在山洞内自由钻爬；用缠绕、悬挂、拼接等方式将铝箔管组装起来，进行探索类游戏，如将铝箔管变成传声筒，两名幼儿分别在铝箔管的两端说悄悄话。

三、观察指导要点(参考)

1. 观察幼儿对不同铝箔管的性能特点的了解及不同组装方式表现的创意。

2. 创设机会给予幼儿分享铝箔管玩法的独特创意，鼓励幼儿尝试并探索更多新颖的玩法。

(上海市嘉定区昌吉路幼儿园　潘晨辰　俞杨红)

中班篇 04　拼搭乐园

一、环境与材料（师幼共建）

　　1. 活动场景：自然物丰富的户外场地

　　2. 操作材料：各种树叶、长短粗细不一的树枝、大小形状各异的石头、不同大小的松果等自然物、幕布

　　3. 欣赏材料：幼儿前期作品照

二、玩法（参考）

　　玩法 1：幼儿自主寻找并收集自然物（如落叶、枯树枝、石头、凋谢的花朵等），根据自己的意愿拼搭出各种事物或图案，并大胆分享自己的作品（见附图 1－10）。

附图 1－10　自然物拼搭

玩法2：幼儿利用各种树叶、树枝，运用剪、撕、贴等方式制作成动物、人物等不同造型的"树叶皮影"，将其固定在树枝上，利用阳光透射在幕布后，和同伴一起进行有趣的皮影表演（见附图1-11）。

附图 1-11　树叶皮影游戏

三、观察指导要点（参考）

1. 观察幼儿用自然物拼搭的不同创意，引导幼儿大胆、清晰地介绍自己的作品。

2. 观察幼儿在自制树叶皮影道具时碰到的问题及自主解决的办法，在幼儿有需要的时候提供支持帮助。

四、活动延伸

用照片、绘画等方式保存作品，用于后期的相互欣赏和再创作。

（上海市嘉定区昌吉路幼儿园　王晓君）

小班篇 01　梦幻泡泡

一、环境与材料（师幼共建）

1. 活动场景：空旷的户外场地
2. 操作材料：泡泡水、泡泡机、泡泡剑、泡泡手持棒、小型充气泳池、大小不一的树叶、草茎、Y字形树枝、剪刀、各种形状的压花机、橡皮筋、食用色素、白色卡纸、画布、空白团扇

二、玩法（参考）

玩法1：幼儿选择喜欢的泡泡工具（如泡泡机、泡泡剑、泡泡棒）吹出泡泡，观察泡泡的变化，感知有洞洞的物体能吹出泡泡。

玩法2：往小型充气泳池内倒入泡泡水，幼儿选择有洞洞的自然物，或尝试用剪刀、压花机等工具在自然物上"造洞"：在树叶上用压花机压出或用剪刀剪出一个或多个形状不同的洞；把橡皮筋套在Y字形的树枝上，形成闭合的洞，制作属于自己的"泡泡器"，玩吹泡泡游戏。

玩法3：在泡泡水中加入各色食用色素，形成彩色泡泡水。幼儿用各种泡泡工具蘸取彩色泡泡水，将泡泡吹在平铺、悬挂的卡纸或画布上；亦可用空白团扇拍泡泡，形成泡泡作品。

三、观察指导要点（参考）

1. 观察幼儿对玩泡泡的兴趣，引导幼儿观察泡泡的变化。

2. 观察幼儿自制泡泡器时选用的自然物及制作方法,鼓励幼儿将自己的发现和创意和同伴分享。

3. 观察彩色泡泡破裂后留下的痕迹,鼓励幼儿想象添画。

四、活动延伸

亲子合作,尝试利用扭扭棒、绳子、吸管等多种材料做出不同的"泡泡器",比比谁的泡泡器吹出的泡泡最大。

（上海市嘉定区昌吉路幼儿园　陈佳璐）

小班篇 02　色彩光影

一、环境与材料（师幼共建）

1. 活动场景：光线适宜的户外场地

2. 操作材料：彩色透明积木、彩色磁力片、自制色彩卡（在镂空板上贴上彩色玻璃纸），树叶、树枝等自然物，白色卡纸、马克笔、手持小镜子

二、玩法（参考）

玩法1：在光线适宜的户外场地，幼儿透过自制色彩卡观察周围环境，感受色卡下周围事物的色彩变化（见附图1-12）。

附图 1-12　用色彩卡探索色彩

玩法 2：幼儿用彩色透明积木或彩色磁力片在地上自由拼搭，通过太阳光照射，在地上映射出彩色的影子，感知影子的形状和色彩。

玩法 3：运用各种操作材料在地面、墙面等地方投射出影子，进行光影追逐游戏。

三、观察指导要点（参考）

1. 观察幼儿对于影子色彩、形状变化的兴趣度。

2. 引导幼儿观察发现不同物体及其色彩在光影下的变化，观察发现幼儿在光影游戏中的新玩法。

（上海市嘉定区昌吉路幼儿园　乔萍　潘晨辰）

小班篇 03　玩转色彩

一、环境与材料(师幼共建)

1. 活动场景:有台阶、斜坡的户外场地
2. 操作材料:透明亚克力球、画布、黑板,各色颜料、粗细不一的油画笔,各种纹路的滚轮、大小不一的海绵印章、喷雾瓶、玩具小车、小球,树叶、树枝等自然物

二、玩法(参考)

玩法1:幼儿自主选择颜料,用油画笔、滚轮、海绵印章等多种工具,在路面、台阶、水池、黑板等地方进行玩色、涂鸦。在铺好画布的斜坡、台阶上,利用小车开下来或小球滚下来的方式进行趣味玩色,并根据颜料轨迹进行想象添画(见附图1-13)。

附图 1-13　趣味玩色

玩法 2：幼儿自主选择颜料，在透明亚克力球上，按照自己喜欢的方式绘画色块和图案。在自然环境中寻找喜欢的自然物（如树叶、小草、花朵、树枝等），放在透明亚克力球内装饰。将打扮好的亚克力球悬挂在树上装饰。

玩法 3：幼儿将画布铺在地上，选择喜欢的树叶、花朵等自然物摆放在画布上，用喷雾瓶沿着物体的轮廓喷洒颜料，拿走自然物后观察画面上留下的轮廓感受色彩碰撞带来的变化和视觉冲击（见附图 1-14）。

附图 1-14　用喷雾瓶喷洒颜料

三、观察指导要点（参考）

1. 观察幼儿在玩色、涂鸦活动中的兴趣度和参与度。

2. 观察幼儿玩色时动作发展以及对不同玩色工具和材料的使用与整理情况。

3. 倾听幼儿对涂鸦的命名，鼓励幼儿向同伴介绍自己的涂鸦内容。

四、活动延伸

1. 结合幼儿兴趣和主题活动（如"动物花花衣""小司机"等）创设情境开展相应的玩色、涂鸦活动。

2. 根据不同季节和节日，引入活动情境，鼓励幼儿大胆表现。

（上海市嘉定区昌吉路幼儿园　杨佳懿　王晓君）

后 记

教育,是一种情怀,是一场修行。

艺术,是一种表达,是一种创造。不是每个人都能成为画家,但每个人都可以充满自信地去创作。

童年,如一幅迷人的画,勾勒出动人有趣的故事;童年,似一首婉转悠扬的曲子,奏出纯真美好的幻想;童年,是一束绚丽的花朵,散发出盈动迷人的芳香。

当儿童遇见艺术,那便是一种美好的开始!

春花、秋月、夏日、冬雪,在光阴流转间,昌吉路幼儿园迎来十二岁的生日。回首过往,我们蹒跚起步,沐雨迎风,一路艰辛,一路成长,一路繁花。在传承与创新中一步一个脚印,脚踏实地前行,在办园宗旨"给孩子一个幸福的童年"引领下,认真践行"自主、融合、求美、创新"的办园理念。立足以美术为载体的艺术创想活动,教科研一体的研究思路,深入推进"艺术好好玩"创想活动的实践探究。挖掘自然资源,拓展幼儿学习方式,将艺术创想活动从室内引向户外,让幼儿在没有天花板的自然环境中学习、探索、表现,进一步激发其想象力、创造力。

多年来,昌吉路幼儿园(简称"昌幼")坚持"文化熏陶、创新突破、提质增效"的发展思路,步履坚实,勇往直前,用爱与责任赢得了家长的美誉、社会的认同,是老百姓家门口的高质量优质园。

回眸昌幼的成长之路,回顾本书的编写过程,昌幼人心怀感激之情。当我们在实践研究中面临困惑、遭遇瓶颈时,各位专家适时有效地引领、点拨与指导,常常让我们收获"山重水复疑无路,柳暗花明又一村"的美景,带给我们前行的力量和信心。这所有的一切都历历在目。

这是一次关于幼儿脱离了"纸"与"笔"的限制,突破了教室的束缚,在户外广阔的空间里,开展艺术创想活动的"探秘"之旅,也是一次充满情感投入的研究历程。这一成果的取得凝聚了太多人的智慧与付出。

感谢上海市教育科学研究院杨四耕先生的指导与关心,指引我们从学术思维的角度去提炼、展现成果,并对本书的初稿提出了许多中肯的意见和建议。

感谢上海市嘉定区教育局学前教育科许丽华科长、嘉定区教育学院学前教研室陆静主任、浦月娟老师、科研室郭文霞老师,多年如一日对我们的实践与研究给予悉心帮助与指导。

感谢我们幼儿园的全体教师,本书的完成是大家实践智慧的结晶。当然,最要感谢的是艺术创想课程研究组的老师们,她们是杨继芬、袁香云、凌洁、王岐琳、王萍、周丽华、许洁、杨佳懿、王晓君、陈佳璐、俞杨红、唐晓怡等。

感谢华东师范大学出版社在本书出版过程中给予的支持和对书稿的认真修改。

本书的六个章节由孙凤、杨继芬、袁香云、凌洁、王岐琳完成,并参与了所有案例与活动设计的修改。本人参与了本书全部内容的修改、统稿与审读。

囿于研究时间和研究水平的限制,其中肯定有许多不成熟的地方,恳请大家不吝批评与指正。期待有更多同行参与这一话题的共同探讨,让幼儿的艺术创想步步生花。

上海市嘉定区昌吉路幼儿园园长　孙凤

2024 年 7 月

"品质课程"阅读书目

学校整体课程规划 18 问
学校整体课程规划的七个关键
学校整体课程规划

📖 课程治理现代化丛书

阳光阅读的校本设计与特色创建
CIM 课程：创客教育的要素设计与实践探索
高品质学校课程体系
个性化学校课程体系
家校共育的 20 个实践模式
进阶式生涯教育
跨学科学习创意设计
美术特色课程设计与实施
体育，让儿童嗨起来：悦动体育课程的设计与实施
小剧场学校：激活戏剧课程的育人价值
小课题探究：激活学习方式
小切口课程设计：劳动教育的创意实施

📖 新质课程文化丛书

实践性学习的七重逻辑
面向每一个生命的课程
多模态学科实践
大规模因材施教的课程模式
为未来而学：未来课程的校本建构与深度实施
面向每一个学习者的课程设计
可感的学习经历：习性教育课程体系探索
单元课程要素统整与深度实施
具身学习与课程育人
把学生放在心上：学校课程变革之道

📖 课程治理新范式丛书

以学生为中心的教育治理
实践型学科课程设计与实施
共享式课程治理：集团化办学的课程治理方略
高具身性课程实施：路径、策略与方法

📖 特色学校聚焦丛书

让个性自然发荣滋长："引发教育"的理论寻源与实践探索

面向每一个生命的教育
让每一个生命澄澈明亮："小水滴"课程的旨趣与创意
新劳动教育：时代意蕴与实践创新
自信教育与个性生长
好学校的精神特质
教育，让个性舒展："有氧教育"的模样与姿态
唤醒教育：触发生命的感动
生命的颜色与教育的意蕴
人格教育的四个关键点
做精神澄澈的教师
做精神富足的教师

📖 特色课程建设丛书

幼儿园特色课程的框架与实施
课程是鲜活的："大视野课程"的旨趣与活性
指向核心素养培育的学校课程图谱
让儿童生活在美的世界里：幼儿园全景美育的课程探索
核心素养与学习需求：学校课程建设导引
儿童自然探索课程
幼儿园视觉艺术创意活动设计与实施
连续性课程：特色课程发展的实践探索
幼儿园户外艺术创想活动设计与实施

📖 课堂教学新样态丛书

课堂，与美最近的距离：基于学科核心素养的课堂教学变革
协同教学：意蕴与智慧
决胜课堂 28 招
一百个孩子，一百个世界：基于差异的教学变革
课堂如诗："雅美课堂"的姿态
在教室里眺望世界：基于 BYOD 的教学方式变革
课堂教学的资源设计与方式变革
境脉教学的实践范式与创意设计
任务驱动与学科实践
课堂教学的智慧属性与意义增值："灵动课堂"的六个关键词
如溪语文：诗意流淌的语文教育
I-DO 学习模式的创意与实践

📖 "一校一策"课程体系建设丛书

课程坐标及其应用：教师专业视角
"一校一策"课程规划
"一校一策"课程实施